互联网营销系列丛书

U0645391

微信公众号、小程序、朋友圈运营

完全操作手册（第2版）

刘炜 编著

清華大學出版社
北京

内 容 简 介

本书介绍了微信公众号、微信小程序、微信朋友圈运营三部分内容。其中：微信公众号内容主要讲解平台设置、内容排版、内容发布、吸粉引流、粉丝运营。微信小程序内容主要讲解注册审核、亮点规划、设计方向、入口把控。微信朋友圈内容主要讲解形象设计、图文创作、营销策略、建立信任。本书技巧全面、策略齐全、方法到位！从基础知识到案例分析，帮助读者快速掌握微信公众号、微信小程序、微信朋友圈的运营。

本书适合以下读者：想快速提高粉丝量、成就百万大号的公众号运营者；想增加平台流量、赚取更多利润的小程序运营者；想通过朋友圈打造自明星品牌的微商、电商和自媒体人。

图书在版编目(CIP)数据

微信公众号、小程序、朋友圈运营完全操作手册/刘炜编著. —2版. —北京： 清华大学出版社，2023.10 (2025.10重印)

(互联网营销系列丛书)

ISBN 978-7-302-64746-1

Ⅰ. ①微…　Ⅱ. ①刘…　Ⅲ. ①网络营销－手册　Ⅳ. ①F713.365.2-62

中国国家版本馆CIP数据核字(2023)第192126号

责任编辑：张　瑜
封面设计：杨玉兰
责任校对：周剑云
责任印制：曹婉颖
出版发行：清华大学出版社
　　　　网　　址：https://www.tup.com.cn, https://www.wqxuetang.com
　　　　地　　址：北京清华大学学研大厦A座　　　　　　邮　　编：100084
　　　　社 总 机：010-83470000　　　　　　　　　　　　邮　　购：010-62786544
　　　　投稿与读者服务：010-62776969, c-service@tup.tsinghua.edu.cn
　　　　质量反馈：010-62772015, zhiliang@tup.tsinghua.edu.cn
印 装 者：三河市君旺印务有限公司
经　　销：全国新华书店
开　　本：170mm×240mm　　印　　张：14　　字　　数：266千字
版　　次：2019年6月第1版　2023年10月第2版　印　　次：2025年10月第2次印刷
定　　价：69.80元

产品编号：100090-01

前言

笔者将微信公众号、微信小程序、微信朋友圈安排在一本书中，是因为这三者作为腾讯的"三驾马车"，在近几年的发展势头最猛，而且作为公司或者商家，还可以让这"三驾马车"同时进发，为企业创造巨大的商业价值。

限于篇幅，本书只能选取最精华的内容来讲，并在第 1 版的基础上，更新了许多关于公众号、小程序、朋友圈的内容，具体如下。

1. 公众号运营

公众号虽然更像是一个内容传播平台，但是，对于自媒体的发展、传播却可以说是意义重大的。那么一个公众号凭什么从市场中脱颖而出，成为百万大号呢？作者认为关键就在于以下 5 个方面。

（1）通过对公众号信息的设置，在保证账号安全的同时，打造一张有吸引力的、容易被粉丝记住的公众号名片。

（2）通过文章排版，提高公众号的视觉美观，带给用户良好的阅读体验，提高文章的阅读量。

（3）注重内容的编写，学习直观简洁地传递核心的观点，捕捉用户的需求。

（4）多方引流增粉，扩大公众号的传播范围，提高公众号的知名度，让更多的人成为公众号的粉丝。

（5）通过粉丝运营，和粉丝之间进行互动，让公众号变得更加"亲民"，从而提高公众号的用户活跃程度。

2. 小程序运营

小程序上线以来，爆发出了惊人的运营价值。以至于像"星巴克""拼多多"等大品牌运营商都将小程序作为发展的突破口。其实，在作者看来，小程序的运营并没有想象的那么难，运营者只需重点做好以下 3 项工作，成功基本上就触手可及了。

（1）通过注册审核，拥有并快速发布属于你的小程序，拿到小程序运营的门票，获得小程序市场。

（2）通过亮点设计，向目标用户展现小程序的独特价值，从而让小程序被更多用户所选择。

（3）把控流量入口，在为用户提供小程序入口的同时，向用户更好地宣传小程序，从而增加小程序的使用率，在获得更多用户的基础上，提高小程序的知名度。

3. 朋友圈运营

朋友圈的价值是多方面的，对于自媒体人来说，它就是一个传播内容的渠道。而对于微商、电商运营者来说，它却是一个销售的展示渠道。可以说，只要朋友圈运营得好，运营者就可以获得意想不到的收益。当然，在此过程中，运营者需做好以下 4 个方面的工作。

（1）通过微信号的设置，塑造一个良好的形象，给目标客户留好第一印象，让陌生人在看到你的朋友圈之后，也愿意加你为好友。

（2）学习一定的图文创作技巧，生产出足够有料的、对目标客户有吸引力的内容，让一篇简单的推广信息也能轻松刷爆朋友圈。

（3）掌握一定的营销策略，通过各种技巧广泛吸纳新粉丝，把陌生人也变成你的微信好友。

（4）通过建立信任，拉近与客户的心理距离，从而让陌生人变成你的忠实粉丝。

本书由刘炜编著，参与编写的人员还有刘阳洋等人，在此表示感谢。由于作者知识水平有限，书中难免有疏漏之处，恳请广大读者批评、指正。

编　者

目 录

第1章

平台设置——完善你的专属名片

学前提示:

在利用公众号进行吸粉引流、打造爆款文章和营销推广之前,需要对公众号的基本设置以及信息有大概的了解,在设置好相关功能后,才能玩转公众号平台。

本章将为大家详细介绍公众号平台的相关基础设置。

要点展示:

➤ 公众号设置:提高账号的辨识度

➤ 安全中心:账号安全运营的保障

1.1 公众号设置：提高账号的辨识度

公众号注册涉及一些基本信息，例如对账号的头像修改、微信号修改和二维码下载等的设置，能够提高微信公众号的账号独特性。本节将为大家介绍公众号的相关基础设置。

1.1.1 账号详情

在微信公众号后台，如果运营者和管理者对目前的账号设置不满意，可以进入"公众号设置"页面下的"账号详情"页面进行修改。下面主要介绍 6 项账号内容，以便让运营者自身账号信息更完善、更吸睛。

1. 修改头像

说到头像，一般的运营者都会认为它是一个非常重要的标志。特别是微信公众号头像，人们搜索公众号的时候，显示的结果就是头像与名称，而头像又是以图片形式呈现出的账号标志，所以往往能带给用户视觉冲击，达到文字所不能实现的效果。

那么，如果想更换一个更好、更吸睛的头像，运营者应该怎么设置呢？下面进行具体介绍。

步骤 01 进入微信公众号平台后台首页，在"设置与开发"栏中单击"公众号设置"按钮，进入"公众号设置"下的"账[1]号详情"页面，单击公众号头像，如图 1-1 所示。

图 1-1 单击公众号头像

步骤 02 执行操作后，弹出"修改头像"对话框，在"修改头像"页面，显示了头像修改的相关说明。单击"选择图片"按钮，进入相应文件夹选择一张图片，单击"下一步"按钮，如图 1-2 所示。

---

[1] 编者注：图中显示为"帐"，本书为保持全书文字的统一表述与正确，以及截图与实际相符，某些有图的会有文图不一致。

步骤 03　切换到"确定修改"页面，单击"确定"按钮，如图 1-3 所示，即可完成头像的修改。

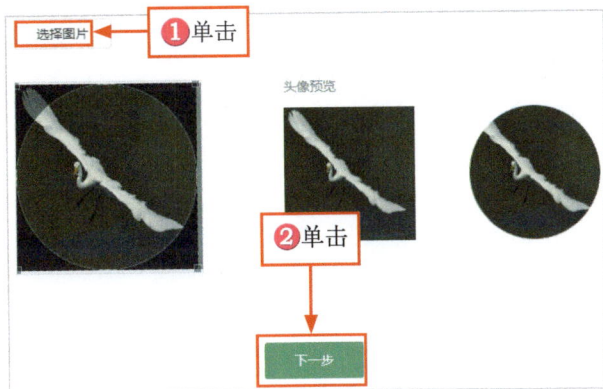

图 1-2　修改头像

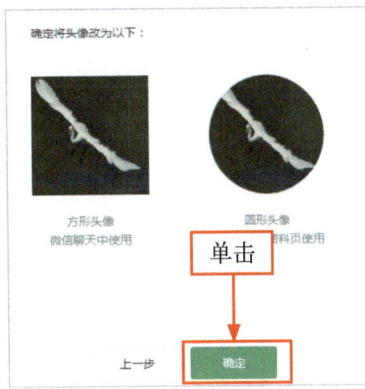

图 1-3　确认修改

2. 修改微信号

微信号作为用户搜索和添加的依据，是独一无二的。因此，巧妙利用后台的微信号可修改功能，设置一个更易搜索和便于记住的微信号尤为重要。接下来，笔者就针对微信号的修改操作进行讲解，以便帮助更多运营者找到更好的运营途径。

步骤 01　进入"公众号设置"下的"账号详情"页面，单击"微信号"右侧的"修改"按钮，如图 1-4 所示。

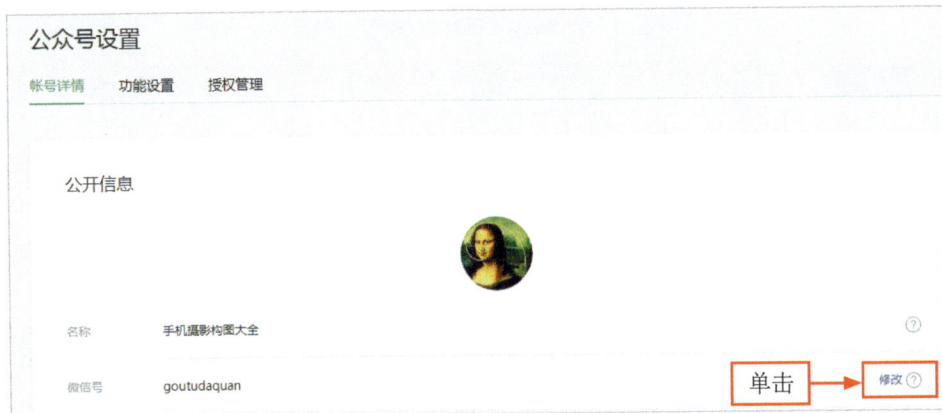

图 1-4　单击"修改"按钮

步骤 02　执行操作后，弹出"修改微信号"对话框，进入"验证身份"页面，使用管理员微信扫描该页面上的二维码进行验证，如图 1-5 所示。验证完成之后，输入新的微信号，即可完成微信号的修改。

图 1-5　使用管理员微信扫描二维码进行验证

3. 下载二维码

使用二维码进行推广和分享公众号是非常方便、准确的，在微信公众平台后台，系统提供了下载二维码的途径。下面就这一设置进行具体讲解。

步骤 01　在"公开信息"栏下，单击"二维码"右侧的"下载二维码"按钮，如图 1-6 所示。

图 1-6　单击"下载二维码"按钮

步骤 02　执行操作后，弹出"二维码下载"对话框，在"公众号二维码"页面可自行选择不同边长的二维码进行下载。切换到"搜一搜与二维码"页面，可以下载线下物料素材，如图 1-7 所示。

图 1-7　"二维码下载"对话框

4. 修改介绍

显示在资料页面的"介绍"是用户了解该公众号的入口和关键，如果它能引人入胜、给人一个好的企业和品牌形象，那么用户搜索之后就会点击关注。运营者在已有公众号的情况下，需要设置一个更吸引人的"介绍"，那么应该怎样操作呢？具体方法如下。

步骤01 进入"公众号设置"下的"账号详情"页面，单击"介绍"最右侧的"修改"按钮，如图1-8所示。

名称	手机摄影构图大全	?
微信号	goutudaquan	修改 ?
二维码	下载公众号二维码或带有搜一搜标识的二维码，用于推广与分享公众号	下载二维码 ?
类型	订阅号	单击
介绍	构图君：湖南省摄影家协会会员，湖南省作家协会会员，200多种构图细分原创者，《手机摄影构图大全》、《摄影构图从入门到精通》等多本摄影图书主编者。这里不仅有摄影构图，还有颜色光影、影展点评，助你拍出美照大片。	修改 ?

图1-8　单击"修改"按钮

步骤02 执行操作后，弹出"修改功能介绍"对话框，❶在"修改功能介绍"页面输入相关内容；❷单击"下一步"按钮；❸切换到"确定修改"页面，单击"确定"按钮，如图1-9所示。

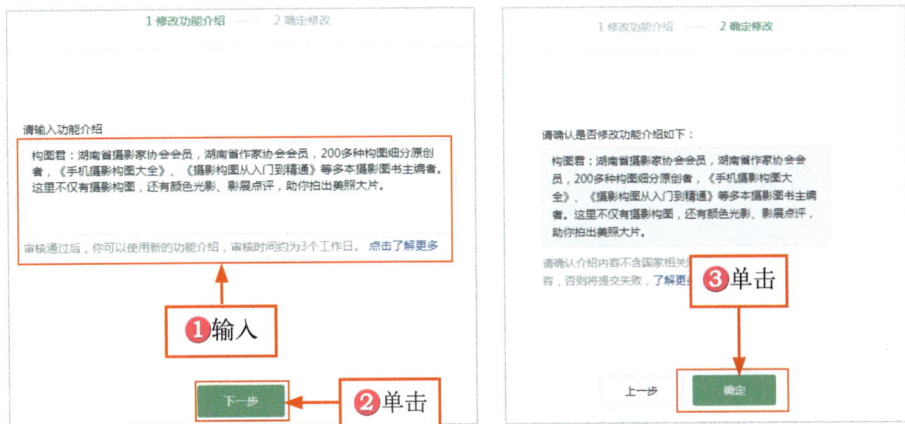

图1-9　"修改功能介绍"对话框

5. 年审认证

微信公众平台跟企业的营业执照一样，每过一年就需要年检一次，其年审主要是检查信息有无更改，起到及时更新信息的作用。

微信公众平台的年审一般系统会提前2～3个月开始提醒，只要按照提醒的窗口进入年审页面即可，然后按照它的要求提交认证信息、认证费用。资料、费用都提交完成之后，会有一个为期15天的认证审核过程。审核完成之后，腾讯将反馈审核结果，而年审到此也就完成了。

6. 登录邮箱

在"账号详情"页面最下方的"注册信息"栏中，运营者可以修改登录邮箱，具体操作方法如下。

步骤01 进入"公众号设置"下的"账号详情"页面，拖动光标至此页面最下端。

步骤02 执行操作后，即可进入"注册信息"页面，单击"登录邮箱"最右侧的"修改"按钮，如图1-10所示。

图1-10 单击"修改"按钮

> **专家提醒**
>
> 关于公众号的账号信息，除了上述介绍的内容外，其实还有其他内容也是可以进行修改设置的，如"公开信息"中"视频号"的绑定、"客服电话"和"所在地址"的设置、"账号迁移"和"法定代表人"的绑定以及"注册信息"中的"注销账号"等操作，在此就不再详细介绍。

1.1.2 功能设置

在微信公众号后台的"公众号设置"页面，除了可以通过选择"账号详情"进行设置外，还可以选择"功能设置"选项进行相关操作。

1. 隐私设置

在"功能设置"页面，赫然排在第一位的就是"隐私设置"，这是管理者和运营者对是否能通过名称搜索到自身公众号的功能设置，其操作方法如下。

步骤01 进入"功能设置"页面，单击"隐私设置"功能右侧的"设置"按钮，如图 1-11 所示。

步骤 02 执行操作后,进入"隐私设置"对话框,显示了"是"和"否"两个选项。选择"是",则允许通过名称搜索到自身公众号;反之则不允许。在此笔者选中"是"单选按钮,单击"确定"按钮,如图 1-12 所示,即可完成设置。

图 1-11　隐私设置

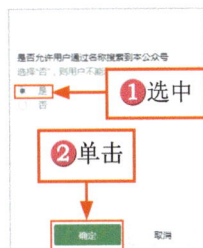

图 1-12　确认设置

2. 水印设置

要想让微信公众号的图片给用户留下印象,给图片打个标签也是微信公众运营者需要注意的一个问题。给图片打标签的意思就是给公众号的图片加上专属于该公众号的水印。同样地,这一操作也可以在"功能设置"中完成,具体操作如下。

步骤 01 进入"功能设置"页面,单击"图片水印"功能右侧的"设置"按钮,如图 1-13 所示。

步骤 02 弹出"图片水印设置"对话框,图片水印的设置有"使用微信号""使用名称""不添加"3 种形式。在此笔者选中"使用名称"单选按钮,单击"确定"按钮,如图 1-14 所示,即可为图片添加水印。

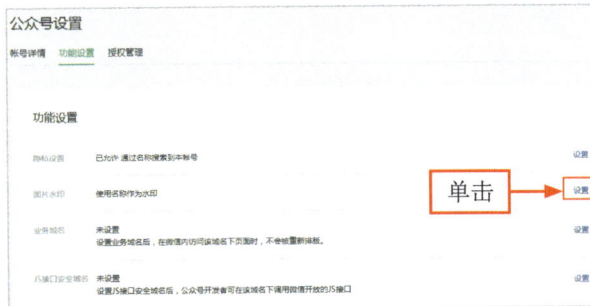

图 1-13　图片水印设置

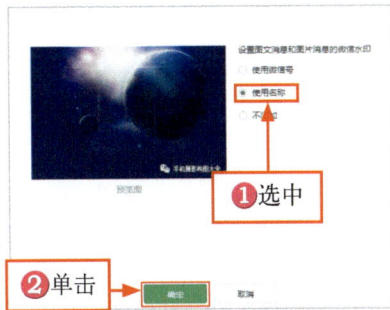

图 1-14　确认设置

3. 业务域名

在"功能设置"页面中,"图片水印"功能下面是"业务域名"功能。设置好业务域名后，在微信内访问该域名下的页面时，就不会被重新排版。而且，用户在该域名上进行输入时，也不会出现安全提示。下面笔者将介绍具体的操作方法。

步骤 01 进入"功能设置"页面，单击"业务域名"功能右侧的"设置"按钮，如图 1-15 所示。

步骤 02 弹出"业务域名"对话框，填写域名，单击"保存"按钮，如图 1-16 所示，即可成功设置业务域名。

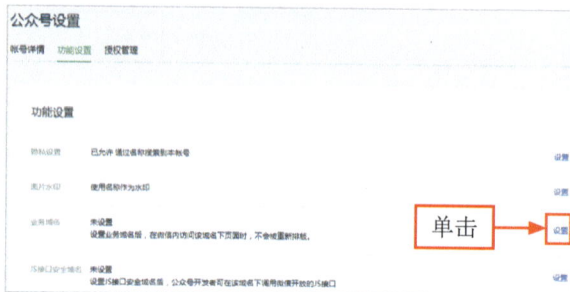

图 1-15　业务域名设置

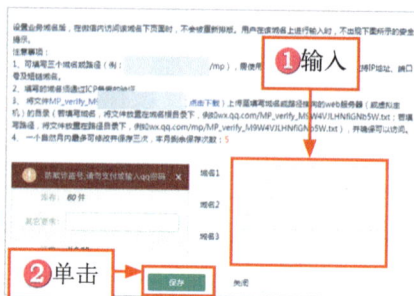

图 1-16　保存业务域名设置

4. JS 接口安全域名

"功能设置"页面的最后一个功能是"JS 接口安全域名"。设置好 JS 接口安全域名后，公众号开发者就可以在该域名下调用微信开放的 JS 接口。下面笔者将介绍具体的操作方法。

步骤 01 进入"功能设置"页面，单击"JS 接口安全域名"功能右侧的"设置"按钮，如图 1-17 所示。

步骤 02 弹出"JS 接口安全域名"对话框，输入域名，单击"保存"按钮，如图 1-18 所示，即可成功设置 JS 接口安全域名。

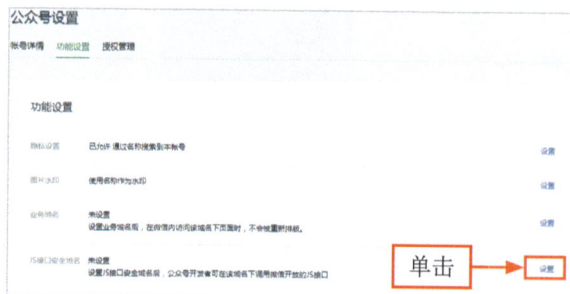

图 1-17　JS 接口安全域名设置

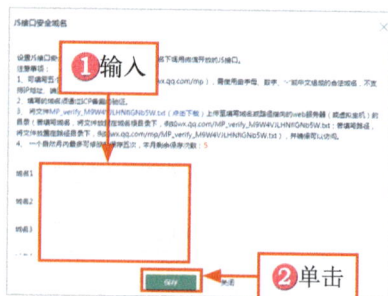

图 1-18　保存 JS 接口安全域名设置

1.1.3 授权管理

在微信公众号后台的"公众号设置"页面，还有一个"授权管理"选项，在此页面中，运营者可以将公众号授权给第三方平台，也可进行取消授权。下面笔者就对此操作方法做详细介绍。

步骤 01 进入"授权管理"页面，单击"操作"栏下的"查看平台详情"按钮，如图 1-19 所示。

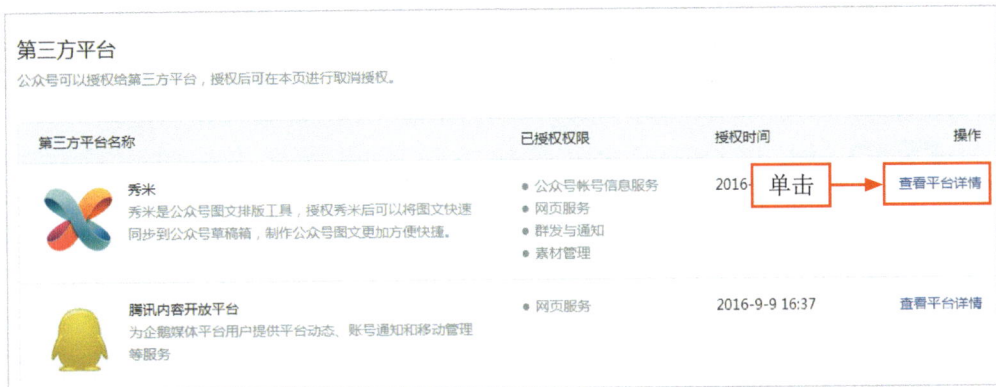

图 1-19　单击"查看平台详情"按钮

步骤 02 进入"平台详情"页面，运营者可以查看第三方平台的基本信息和已授权的权限列表。单击"取消授权"按钮，如图 1-20 所示，即可取消对此平台的授权。

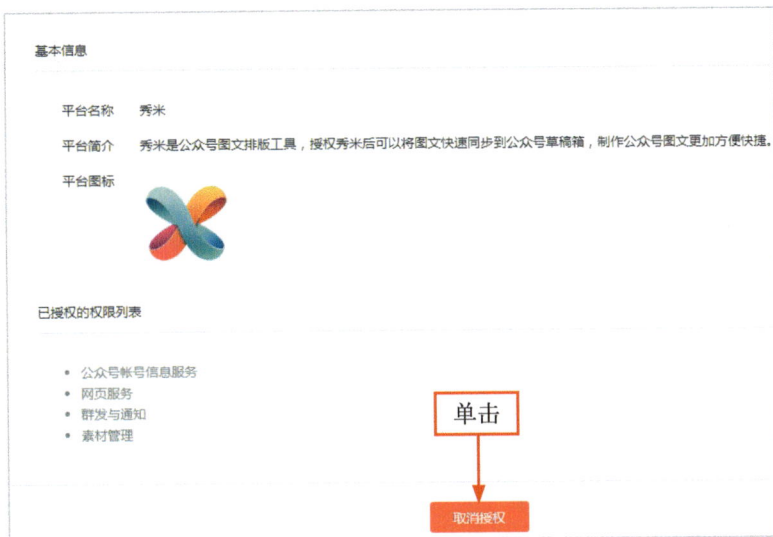

图 1-20　单击"取消授权"按钮

1.2 安全中心：账号安全运营的保障

只有保障账号运营安全无虞，管理者和运营者才能放心操作。那么，怎样才能提升公众号的安全系数，实现放心操作的目标呢？这一问题，可通过微信公众平台后台首页"设置与开发"栏的"安全中心"来解决。

1.2.1 风险操作保护

在微信公众平台后台的"安全中心"页面，共有 5 项内容，"风险操作保护"就是其中之一。开启了风险保护操作的公众号，当其在进行有风险的操作时是需要进行验证的。那么，应该怎样开启风险操作保护呢？下面笔者将详细介绍。

步骤 01 进入"安全中心"页面，单击"风险操作保护"最右侧的"详情"按钮，如图 1-21 所示。

图 1-21　单击"详情"按钮

步骤 02 执行操作后，进入"风险操作保护"页面，即可查看其具体内容，还可在"操作"栏下方进行"关闭保护"或"开启保护"的操作，如图 1-22 所示。

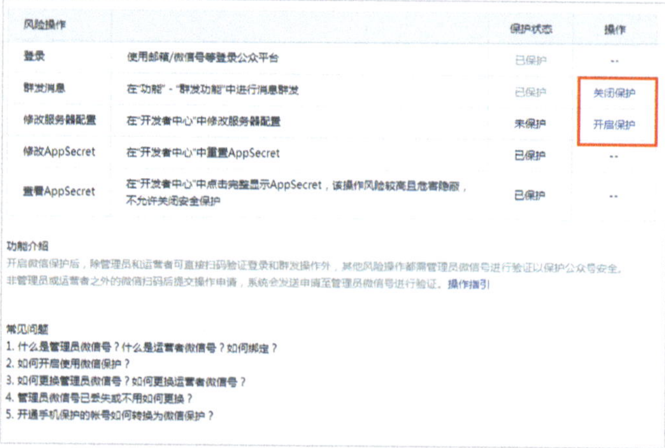

图 1-22　"风险操作保护"页面

另外，单击"风险操作提醒"右侧的"详情"按钮，即可进入"安全提醒"页面。在此页面中单击"开启"按钮，如图 1-23 所示，即可开启安全提醒功能，并进入安全操作记录。

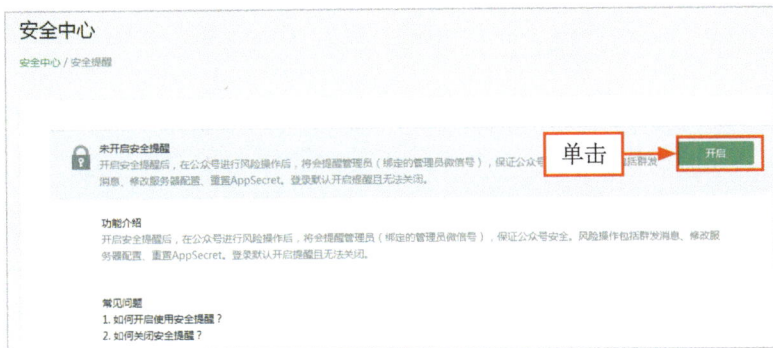

图 1-23　单击"开启"按钮

进入"安全操作记录"页面，即可查看当前公众号的安全操作记录，如图 1-24 所示。

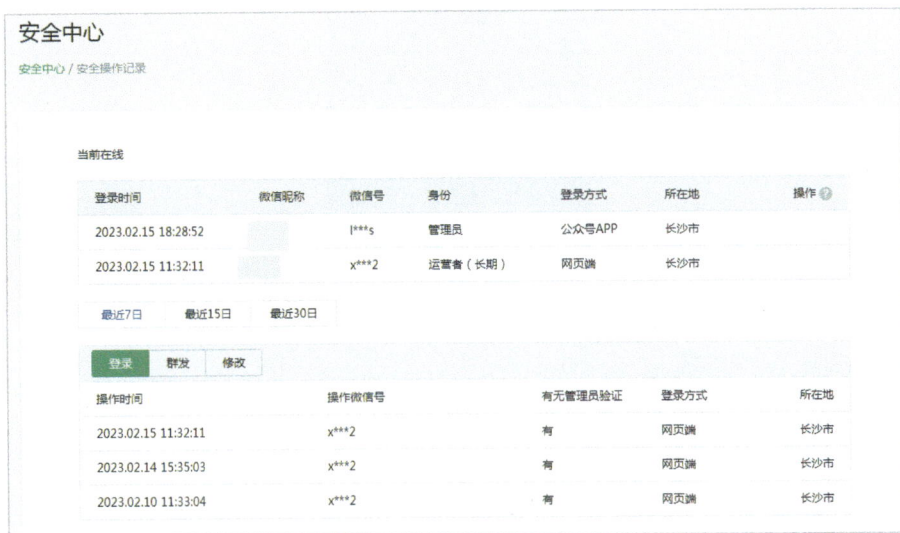

图 1-24　"安全操作记录"页面

1.2.2　修改密码

在运营微信公众号的过程中，密码是"安全中心"中极为重要的一项。保护好微信公众号的登录密码是非常有必要的，一旦微信公众号出现异常情况，运营者就要提高警惕，最保险的办法之一是重新修改登录密码。那么密码应该如何修改呢？具体操作如下。

步骤 01 进入"安全中心"页面，单击"修改密码"右侧的"修改"按钮，如图 1-25 所示。

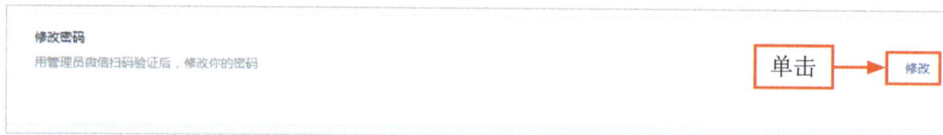

图 1-25　单击"修改"按钮

步骤 02 进入"修改密码"页面，弹出相应的二维码，如图 1-26 所示。这时需要用管理员微信扫描图中二维码进行验证，验证通过之后，即可修改密码。

图 1-26　使用管理员微信扫描二维码进行验证

第 2 章

内容排版——提升文章的美观度

学前提示：

公众号等新媒体平台应当注重版式美观，只有带给用户良好的阅读体验，才能够提升公众号的质量和关注度。

本章将从图片设计和字体设置等方面为大家介绍相关排版技巧。

要点展示：

➢ 图片设计：提升文章阅读点击率

➢ 字体格式：从基础设置开始改变

➢ 版式设计：提高文章的吸睛效果

2.1 图片设计：提升文章阅读点击率

图片是影响读者阅读体验的最大因素，其会从视觉和精神上给读者带来不同程度的阅读感受。因此，要提高一篇文章的阅读量，首先需要从图片的美观度下手。本节将从以下几个方面来帮助大家提高图片的视觉感受。

2.1.1 图片颜色

运营者想要让自己文章中的图片吸引用户的眼球，所选图片的颜色搭配就要合适。图片的颜色搭配合适能够给用户一种舒适、耐看的感觉，一张图片的颜色搭配合适需做到以下两个方面。

1. 色彩明亮

一般情况下，微信公众号的图片要尽量色彩明亮，因为活泼的颜色更容易让人产生舒适感。色彩明亮的图片，能让用户眼前一亮，从而激发其好奇心，继而阅读相关文章，直接提高文章的点击率。

一般人在阅读文章的时候都希望能有一个舒适的阅读氛围，压抑的阅读环境不仅会使用户感到不适，也会对公众号的形象产生影响。而色彩明亮的图片就不会产生这种情况，所以图片尽量要选择色彩明亮的。

2. 与内容相适宜

微信公众号在选择图片的时候需要考虑到是否与发表的文章内容相适宜，如果文章推送的内容是比较悲沉、严谨的，那么就可以选择与内容相适应的颜色的图片，而且不可使用太过跳跃的颜色，会使得整体风格不搭。

2.1.2 图片大小

选择图片除了需要注意其颜色，还应该注意合适的尺寸。尺寸主要包括两个方面的内容，一是图片本身的尺寸大小，即像素；二是排版中的图片显示尺寸。

文章中的图片在排版中的尺寸大小一般有一个固定范围，不可能做太大的调整。因此，为了保持图片的清晰度，必须保证图片本身的尺寸大小，以提高图片的分辨率，这是实现图片高清显示的最基本保证。

然而，图片高清显示的容量大小又关系到用户点击阅读文章信息时的用户体验。因此，在保持图片的高分辨率、不影响观看和顺利上传、快速打开的情况下，怎样处理图片容量大小成为一个非常关键的问题。

2.1.3 图片数量

除了图片的颜色之外，图片数量对于文章的排版也很重要。它可以从以下两方面来理解。

1. 排版所用图片的多少

每个公众号都有属于自己的特色，有的公众号在文章内容排版的时候会选择使用多图片的形式。图 2-1 所示为"手机摄影构图大全"微信公众号推送的多图片文章排版的部分内容展示。

图 2-1 "手机摄影构图大全"微信公众号推送的多图片文章排版展示

有的公众号在进行文章内容排版的时候，由于正文的基调比较沉重或者全篇字数较少，所以在正文中插入的图片可能只有一张。

2. 推送的图文多少

推送的图文多少是指一个公众号每天推送的文章的多少。细心的读者会发现，有的公众号每天会推送好几篇文章，而有的公众号每天只会推送一篇文章。公众号推送的图文越多，所用的侧图就会越多。

图 2-2 所示为每天推送的图文多的公众号，而图 2-3 所示为每天推送的图文少的公众号。

图 2-2　推送图文多的公众号

图 2-3　推送图文少的公众号

2.1.4　图片的深度修图

运营者在进行微信公众号运营的时候是离不开图片的，图片能够让公众号文章内容变得更加生动，从而影响文章的阅读量。因此，运营者在使用图片给文章增色的时候也可以通过一些方法给图片"化妆"，让图片更加有特色。

运营者给自己的图片 P 图，可以让原本单调的图片，变得更加鲜活起来。运营者要给图片 P 图，可以通过以下两个方法着手进行，具体如下。

1．拍摄时 P 图

公众号使用的照片来源是多样的，有的公众号使用的图片是企业或者个人自己拍摄的，有的是从专业的摄影师或其他地方购买的，还有的是从其他渠道免费得到的。

对于自己拍摄图片的企业或者个人这一类运营者来说，只要在拍摄图片时，注意拍照技巧、拍摄场地布局、照片比例布局等，就能达到给图片"化妆"的效果。

2．后期 P 图

微信公众号运营者如果对需要发送的图片感觉不太满意，还可以选择通过后期来给图片"化妆"。现在用于图片后期的软件有很多，如强大的 PS（Photoshop，图像处理软件）、美图秀秀等。运营者可以根据自己的实际技能水平选择图片后期软件，通过软件让图片变得更加夺人眼球。

一张图片有没有加后期，效果差距是非常大的。图 2-4 所示为同一张图片加滤镜后期前后的效果对比。

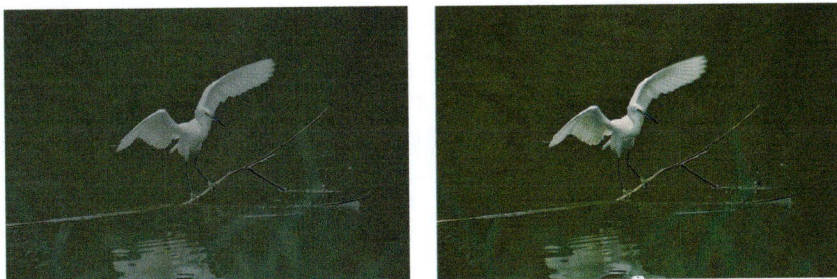

图 2-4　同一张图片加滤镜后期前后的效果对比

2.1.5　长图文

　　长图文也是使得微信公众平台的图片获得更多关注度的一种好方法。长图文将文字与图片融合在一起，借文字来描述图片的内容，使其更生动、形象。两者相辅相成，配合在一起，能够使文章的阅读量获得不可思议的效果。

　　某漫画类微信公众号在平台上发布的文章采用的都是长图文形式，以图片加文字的漫画形式描述内容，其发布的文章阅读量都非常高。接下来我们就欣赏一下该公众平台上某篇文章的部分内容，如图 2-5 所示。

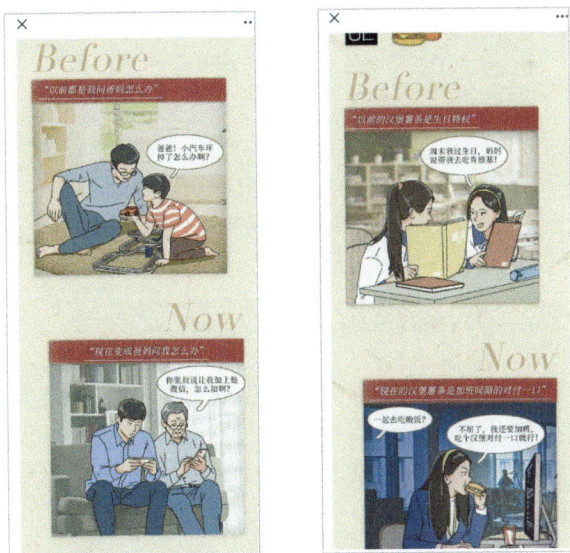

图 2-5　某公众号发布的长图文文章部分内容

2.1.6　动图

　　很多微信公众号在放图片的时候都会采用 GIF（Graphics Interchange

Format，图像互换格式）动图形式，这种动起来的图片确实能为公众号吸引不少的粉丝用户。

GIF格式的图片看起来更具动感，相对于传统的静态图，它的表达能力更加强大。静态图片只能定格某一瞬间，而一张动图则可以演示一个动作的整个过程，其效果自然会更好。

这些动图在文章中有的是作为正文内容的一部分，有的是在文中起装饰作用，而有的则是在文末起到吸引关注的作用。图2-6所示为某微信公众号发布的GIF格式的图片，图片内容非常搞笑。

图2-6　某公众号发布的GIF格式图片

2.2　字体格式：从基础设置开始改变

字体格式的设置主要指的是段落间距、字体颜色、字号大小、字体加粗以及段落缩进等操作，这些在公众号后台编辑图文时都可以自行调整。通过对字体格式的设置能够使得图文变得更加美观，从而提升文章的质量和阅读量。本节将介绍字体格式设置的具体操作。

2.2.1　设置字号

文字字号有大小之别，运营者可以根据需要设置合适的字号。那么，图文消息中的文字字号是怎样进行设置的？什么样的字号才是合适的？接下来将针对这些问题进行详细讲解。

步骤 01　在后台"首页"页面中单击"图文消息"按钮，进入图文消息编辑页面，在已经编辑好的图文消息中，选中要设置字体格式的文字，如图 2-7 所示。

步骤 02　单击 16px 右侧下三角按钮，在弹出的下拉列表中选择 14px 选项，如图 2-8 所示。

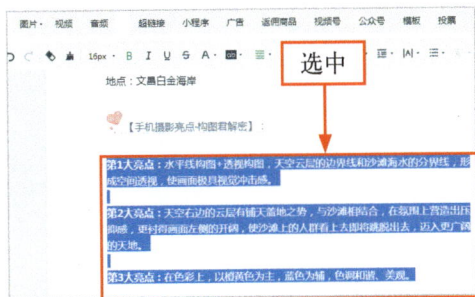

图 2-7　选中要设置字体格式的文字

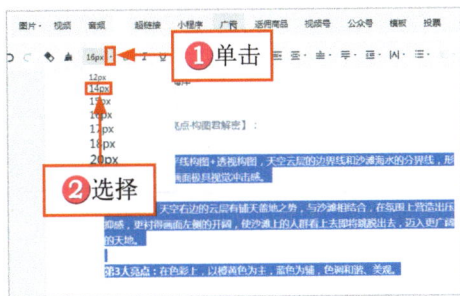

图 2-8　选择 14px 选项

步骤 03　执行操作后，选中文字的字体大小就会变成 14px，效果如图 2-9 所示。

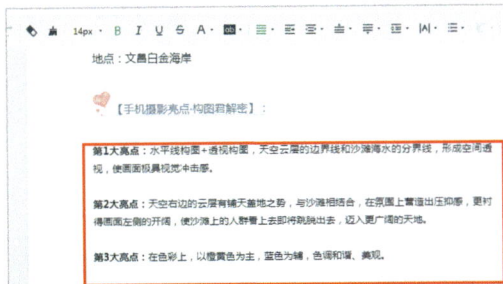

图 2-9　将字体大小设置为 14px 的效果

专家提醒

给文章的内容选择合适的字体大小，也是微信公众号排版工作中需要考虑的。合适的字体大小能让用户在阅读文章的时候不用将手机离自己的眼睛太近或太远，而且合适的字体大小能让版面看起来更和谐。

微信公众平台提供了 8 种不同大小的字体设置选项，而考虑到用户视觉的观感问题，14px、16px、18px 和 20px 这几种字号的文字看起来会比较舒服，因此在设置文字字体大小时，可以在这几种字号中进行选择。

2.2.2　加粗字体

　　运营者设置好字体大小之后，还可以给字体设置是否加粗。笔者在这里将以上一例中的部分文字为例，为大家介绍将其字体加粗的具体操作方法。

　　同样地，运营者需要选中一段文字，单击"加粗"按钮 B，如图 2-10 所示。执行操作后，该段文字的字体就会被加粗，其效果如图 2-11 所示。

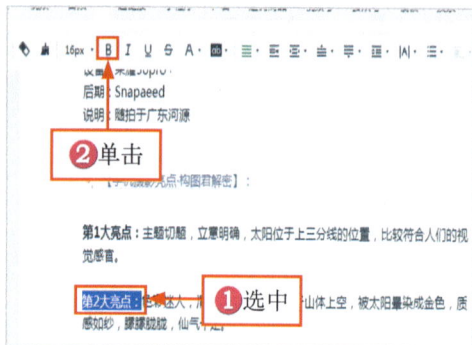

图 2-10　单击"加粗"按钮　　　　　　图 2-11　字体设置加粗后的效果

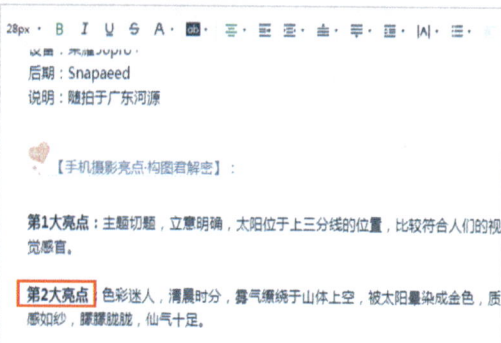

2.2.3　设置斜体

　　设置字体加粗后，运营者还可以将文字设置成斜体。笔者在这里为大家介绍将一段文字设置成斜体的操作方法。

　　步骤 01　选中一段文字，单击"斜体"按钮 I，如图 2-12 所示。

　　步骤 02　执行操作后，该段文字的字体就会变成斜体，效果如图 2-13 所示。

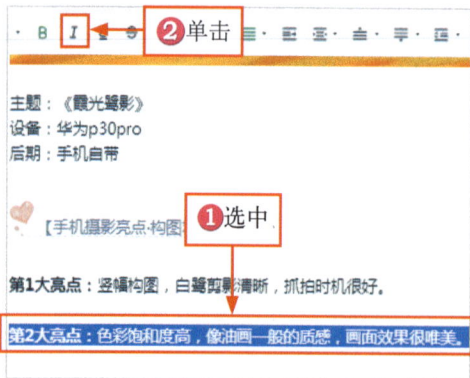

图 2-12　单击"斜体"按钮　　　　　　图 2-13　字体设置成斜体后的效果

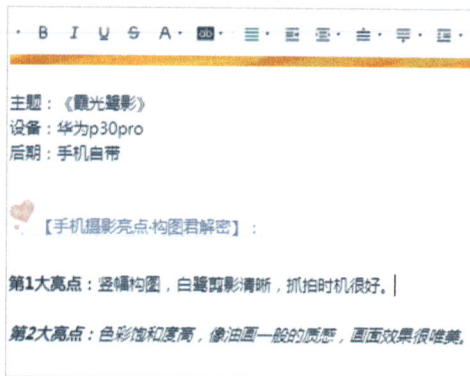

2.2.4　设置颜色

如果有需要，运营者还可以为文字设置字体颜色。笔者在这里将以部分文字为例，为大家介绍设置字体颜色的操作方法。

步骤 01　选中需要进行操作的文字，如图 2-14 所示。

步骤 02　单击"字体颜色"按钮 A 右侧的倒三角按钮，在弹出的下拉列表框中选择相应颜色色块，如图 2-15 所示。

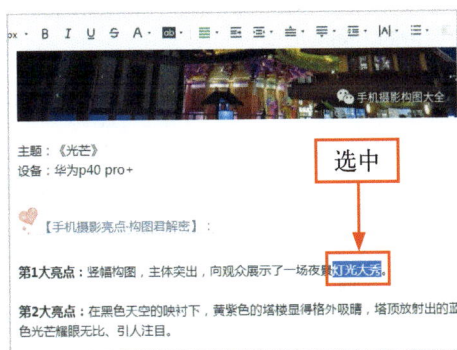

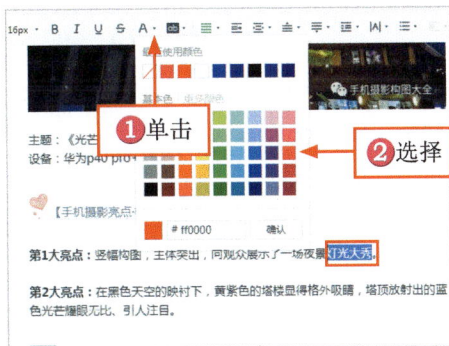

图 2-14　选中文字　　　　　　　　图 2-15　选择相应颜色色块

专家提醒

在"字体颜色"下拉列表框中，可以用不同的方法选择文字颜色，具体操作方法如下。

（1）运营者在微信公众号上编辑图文消息是一种经常性的工作，会使用到一些颜色，因而在上方有"最近使用颜色"区域，可以从中选择。

（2）在"基本色"区域，提供了 45 种颜色。另外，基本色旁边还有"更多颜色"按钮，单击该按钮，即可切换到"更多颜色"页面进行选择。

2.2.5　设置间距

在文字排版中，把握文字之间的间距很重要，尤其是对于用手机浏览文章的微信用户来说。文字间距要适宜，主要指的是文字 3 个方面的距离要适宜，即字间距、行间距和段间距，具体内容如下。

1. 字间距

字间距指的是横向间字与字之间的距离。字间距的宽与窄会影响用户的阅读体验，也会影响整篇文章篇幅的长短。在微信公众号后台，设有字间距排版功能，并提供了 4 种字间距选项，如图 2-16 所示。

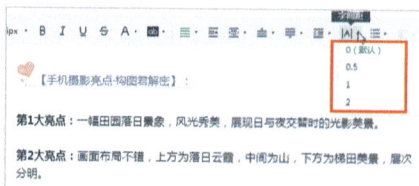

图 2-16　微信公众平台后台的字间距选项

2. 行间距

行间距指的是文字行与行之间的距离。行间距的多少决定了每行文字纵向间的距离，行间距的宽窄也会影响文章的篇幅长短。在微信公众号后台，设有行间距排版功能，其提供的行间距选项有 8 种，如图 2-17 所示。

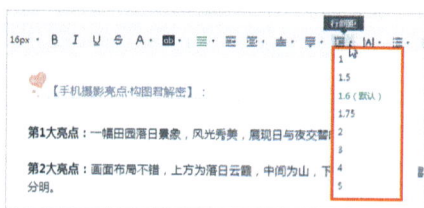

图 2-17　微信公众号后台的行间距选项

基于用户的阅读体验，系统默认设置为 1.6 倍，其排版效果适合大多数人的阅读习惯，视觉体验也更好。

3. 段间距

文字的段间距指的是段与段之间的距离。段间距的多少也同样决定了每段文字纵向间的距离。在微信公众号后台，图文消息的段间距设置分为段前距与段后距两种，这两种段间距功能都提供了 7 种间距供制作者选择，如图 2-18 所示。

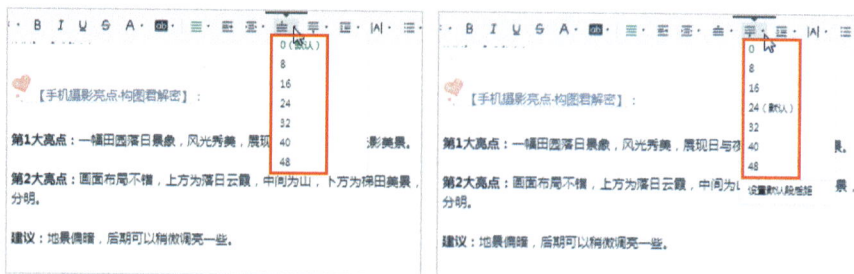

图 2-18　微信公众号后台的段前距与段后距功能

运营者可以根据自己平台用户的喜好去选择合适的段间距，而要弄清楚用户喜好的段间距风格，可以让用户自行投票选择，也可以直接设置成系统默认的选项。

2.2.6 选择页面背景

微信公众号后台默认的背景是白色的，如果运营者想要为图文信息或其中的某一部分添加背景色，可以通过"背景色"功能按钮来设置，其操作方法与设置字体颜色的方法类似。

运营者要先选中内容，单击上方"背景色"按钮 ab 右侧的倒三角按钮，在弹出的下拉列表框中选择相应颜色色块，如图 2-19 所示。执行操作后，这个颜色便会应用到选中的内容上，效果如图 2-20 所示。

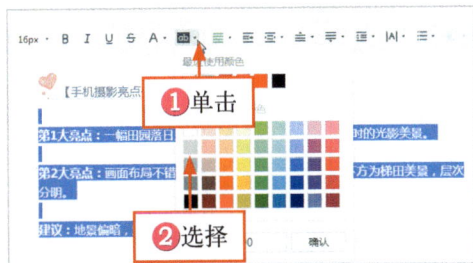

图 2-19　选择相应颜色色块

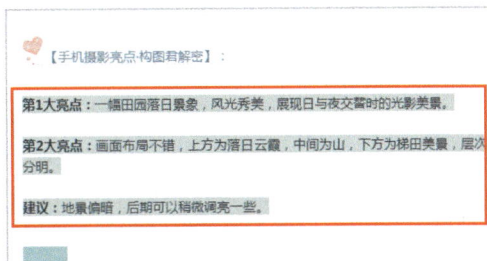

图 2-20　为图文内容设置背景色效果

从图 2-20 中可以看出，在微信公众号上设置背景色，其效果只会显示在有图文内容的部分，其他空白区域不会显示。如果运营者想要为整个版面添加底纹，可以先在其他编辑器中设置好，然后再复制并粘贴到微信公众号后台上即可。

2.2.7 设置首行缩进

在图文排版中，设置首行缩进，可以让用户更清晰地感受文章的段落。在微信公众号后台，设有首行缩进的功能，如图 2-21 所示。

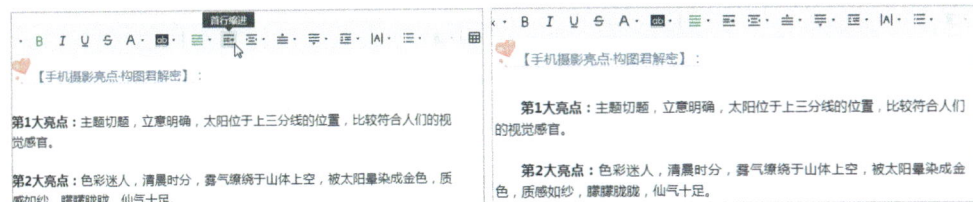

图 2-21　首行缩进功能和效果

然而在运营过程中发现，在编辑内容时可能对一段文字设置了首行缩进，但是显示在手机上却是左对齐，这不免让人觉得很奇怪。

其实这个问题很容易解决，运营者只需要选中文本内容，单击"清除格式"按钮，然后再进行"首行缩进"设置，就能完美解决这个问题了。

2.2.8　使用分隔线

分隔线的作用是将文章中的两部分内容分隔开来，运营者可以借助分隔线将文章的内容分开来，这样能给用户以提醒，同时也能增加文章排版的舒适感，给用户带来更好的阅读体验。

微信公众号后台设有分隔线功能，但它是透明的，即看不到具体的线条，肉眼只能看到文字中间空了一行，而且微信公众号后台只提供了这一种样式。对于有更高要求的运营者来说，可以借助其他的软件来设计更多的分隔线样式。

2.3　版式设计：提高文章的吸睛效果

如果说文章中的内容能让运营者与用户之间产生思想上的碰撞或共鸣，那么运营者对文章的格式布局与排版就能给用户提供一种视觉上的享受。本节将重点介绍文章的版式设计，帮助大家提高文章的吸睛效果。

2.3.1　排版技巧

文章的排版对一篇文章有很重要的作用，它决定了用户能否舒适地看完整篇文章。因此，运营者在给用户提供好内容的同时也要注意文章的排版，让用户拥有一种精神与视觉的双重体验。下面笔者将为大家介绍一些提升排版视觉效果的小技巧。

1．合适的排版风格

要给微信公众平台上的文章内容排版，选择合适的排版风格是必不可少的，其作用主要表现在以下两个方面。

（1）提高效率：运营者选择好排版风格后，在以后的文章排版过程中能够节省很多排版的时间，从而大大提高工作效率。

（2）形成风格：运营者选择好合适的排版风格有利于形成属于自己平台的独特风格，从而与其他平台形成差异化，吸引更多用户。

2．搭配适宜的色彩

运营者在进行文章内容排版的时候，要特别注意色彩的搭配。人们的眼睛对色彩非常敏感，不同的颜色能够向人们传递不同的感觉，例如人们经常说的"红色给人以热情、奔放的感觉，蓝色给人以深沉、忧郁的感觉"。运营者在进行文章内容排版的时候，主要会涉及色彩搭配中的文字和图片两个方面。

（1）文字的色彩搭配。

对于大部分的公众号文章而言，文字是一篇文章中的重要组成部分，它们是用户接受文章信息的重要渠道。

文章的文字颜色是可以随意设置的，并不只是单调的一种颜色。从用户的阅读效果出发，将文章中的文字颜色设置为最佳的颜色是非常有必要的。

文字颜色搭配适宜是让文章获得吸引力的一个重要因素，因为它能让用户在阅读文章时眼睛不疲劳，同时还能保持文章版式整体的特色，能够满足用户对阅读舒适感的需求，从而让文章获得更多的阅读量。

运营者在进行字体颜色设置的时候，要以简单、清新为主，尽量不要在一篇文章中使用多种颜色的字体，否则整篇文章会给人一种调色盘的感觉。同时，文字的颜色要清晰可见，尽量以黑色或者灰黑色的颜色为主，不能使用亮黄色、荧光绿这类人看久了容易让眼睛产生不舒适的颜色。

专家提醒

需要注意的是，微信公众号运营者如果要对文章中的某一句话或者词语进行特别提示，使用户一眼就能注意到，那么可以使用一些其他颜色来对该文字进行特别标注，使其更显眼。

（2）图片的色彩搭配。

图片同样也是微信公众号文章中的重要组成部分，有的微信公众号在推送的一篇文章中，就只有一张图片或者全篇都是图片。图片的色彩搭配要适宜，首先图片要清晰，其次色彩要饱和，最后需要符合文章主题。

3. 格式清除有必要

有时候运营者会在网上找自己想要的东西，看见合适内容后就会复制到微信公众平台的编辑栏中。需要注意的是，从网上复制的文章有时候设有灰色底纹、蓝色底纹，而复制的时候运营者会将其原有的格式也复制过来，造成文章的整体底纹颜色不一样，这样会影响排版视觉。因此，当运营者从网上复制内容到公众平台的时候，就要进行"清除格式"的操作。

4. 谨慎对待图文排版

虽然现在文章的内容形式有语音、视频等多种样式，但是大多数公众号的文章还是以图文结合的形式为主。因此，运营者在进行文章图文排版的时候，要想让版式看起来舒适，就需要注意以下两点。

（1）整体要统一。

在同一篇文章中，用到的图片版式要一致，这样给用户的感觉就会比较统一，有整体性。图片版式的一致指的是，如果运营者在文章内容的最开始用的是圆形图，那么后面的图片也要用圆形的，同样地，如果第一张是矩形，后面的也都要用矩形。

（2）图文间的距离。

图文间要有距离，这分为两种情况，一种是图片跟文字间要隔开一段距离，不能太紧凑。如果图片跟文字离得太近，会让版面显得很拥挤，使用户的阅读效果不佳。

另一种是图片跟图片之间不要太紧凑，要有一定的距离。如果两张图片之间没距离，就会给用户是一张图的错觉。尤其是连续在一个地方放多张图片的时候，特别要注意图片之间的距离。

5. 实用的第三方编辑器

由于微信公众号后台提供的编辑功能有限，只有最简单的文章排版功能，对文章排版有高要求的运营者来说就难免显得太单调了，不能够吸引用户的眼球。

随着第三方编辑器的出现，很多运营者就抛弃了微信公众号自带的编辑功能，纷纷投入第三方编辑器的怀抱，于是微信公众号上出现了各种各样版式的文章。

版式多样是能够吸引用户，但是如果在同一篇文章中使用过多的排版方式反而会让版面显得很杂乱，在用户阅读文章的时候给其造成不适。一般来说，同一篇文章从头到尾最好只用一种版式。

因此，运营者在追求版式特色的同时也要注意版式的简洁，在一篇文章中不要使用太多的排版方式。有时候简洁的版式反而会在众多杂乱的版式中自成一股清流，拥有自己的特色，从而吸引更多用户。

6. 善于总结经验

运营者可以从其他排版优秀的公众号中总结经验，汲取其中的优点，再根据自己的情况建立属于自己的排版体系。

同时，在看见新颖、好看的排版版式的素材时，也可以将其收藏起来，建一个属于自己的素材库，这样不仅丰富了版式资源，还可以节省很多寻找版式素材的时间，从而提高写作效率。

2.3.2 第三方排版编辑器

对于运营者来说，最常用的编辑器除了微信后台之外，还有秀米排版编辑器和 135 微信编辑器。

1. 秀米排版编辑器

秀米排版编辑器是一款优秀的内容编辑器，用户进入秀米网站，就能看到秀米排版编辑器的首页。图 2-22 所示为秀米排版编辑器的内页。

图 2-22　秀米排版编辑器的内页

2. 135 微信编辑器

135 微信编辑器主要用于简单的长图文编辑，运营者进入网站后，就能看到其主页面。图 2-23 所示为 135 微信编辑器的样式页面。

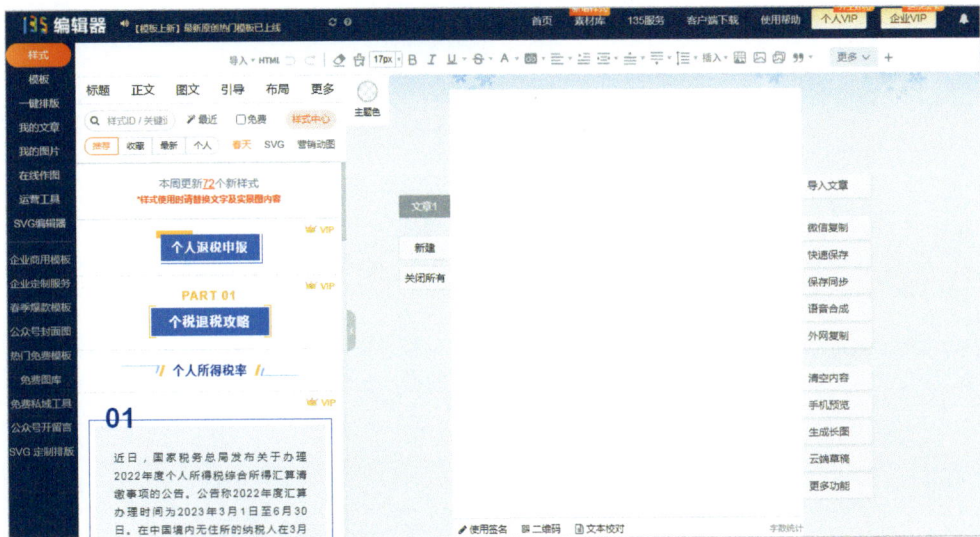

图 2-23　135 微信编辑器的样式页面

第 3 章

内容发布——面向观众的重要一步

学前提示：

公众号的制作不仅需要美观的版式37

更需要内容的充实。内容是一篇文章的核心，要直观简洁地表达中心意思，传递核心的观点，捕捉用户的需求，这样才能够提高公众号的阅读量。

本章将为大家详细介绍内容的发布以及素材管理方面的内容。

要点展示：

➢ 图文消息：常用的内容发布形式

➢ 其他内容形式：丰富发布的形式

➢ 内容管理：对素材库进行整理

3.1 图文消息：常用的内容发布形式

在微信公众号上发布消息，最常见的文章格式就是图文消息了。图文消息是指发布以图片＋文字为主的文章，可以是长篇文章，也可以是短篇文章。

图文消息非常适合阅读，能让用户一眼就注意到运营者想传达的重点，而且美观度高的图片第一眼就能吸人眼球。图 3-1 所示为微信公众号"手机摄影构图大全"推送的图文内容。

图 3-1 微信公众号"手机摄影构图大全"推送的图文内容示例

3.1.1 插入文章超链接

为了丰富图文消息的内容，我们可以在其中插入一些超链接，这样不仅可以丰富文章的内容，还能够使文章的版式看起来更整洁。那么作为运营者，我们应该如何插入超链接呢？下面笔者将进行具体的讲解。

首先，进入微信公众平台的官方网页，登录微信公众平台账号，进入平台的后台。

步骤 01 系统会默认停留在首页，在"新的创作"选项组中，单击"图文消息"按钮，如图 3-2 所示。

图 3-2　单击"图文消息"按钮

步骤 02 进入图文消息编辑页面，输入文章的标题和作者名，编写"图片＋文字"的正文，如图 3-3 所示。

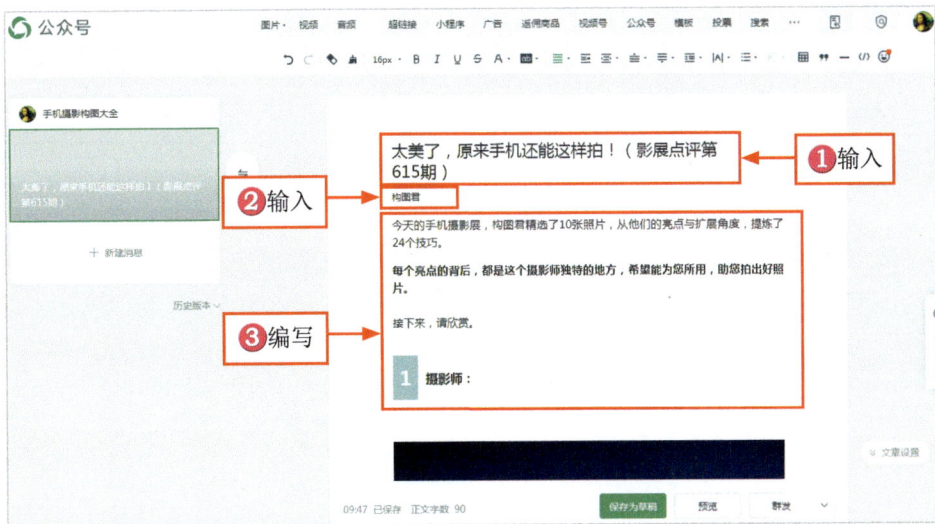

图 3-3　图文消息编辑页面

专家提醒

在编写图文消息时，运营者应该结合账号本身、文章的构思情况来进行图片和文字的排版，使其观赏性更高。

步骤 03 单击图片，弹出编辑框，单击"超链接"按钮，如图 3-4 所示。

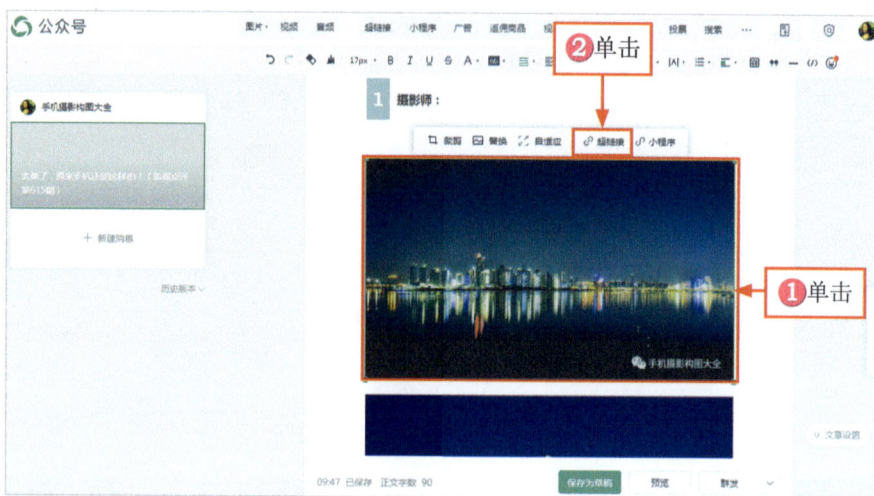

图 3-4 单击"超链接"按钮

步骤 04 弹出"编辑超链接"对话框，选择一篇文章，单击"完成"按钮，如图 3-5 所示，即可完成超链接的插入。

图 3-5 编辑超链接

步骤 05 执行操作后，自动返回图文消息编辑页面，图片的右上角会显示一个超链接图标，表明此图片已插入超链接。单击图片，弹出编辑框，单击蓝色的超链接，如图 3-6 所示，即可跳转到超链接的位置，运营者可通过这一步查看超链接是否插入正确。

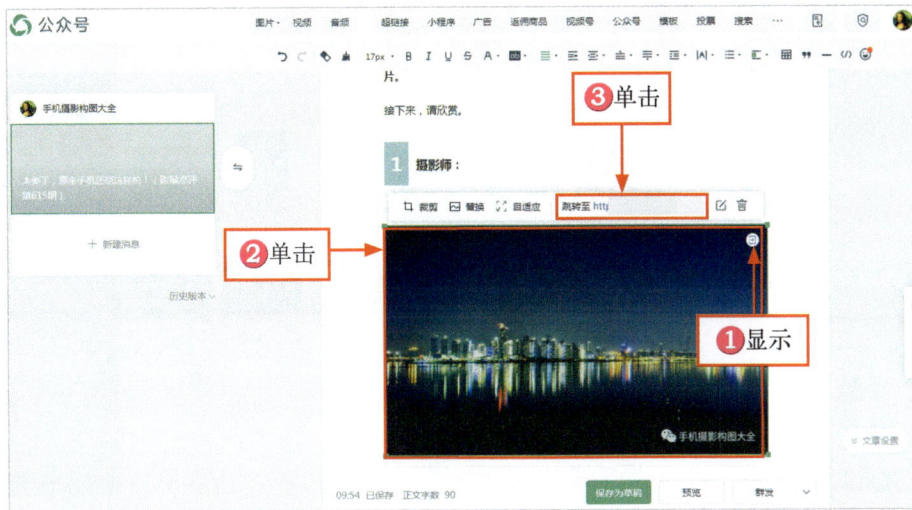

图3-6 插入超链接

步骤 06 将页面定位到"封面和摘要"选项组,把光标移动到"拖拽①或选择封面"按钮上面，如图 3-7 所示，即可显示对话框，然后选择"从图片库选择"选项。

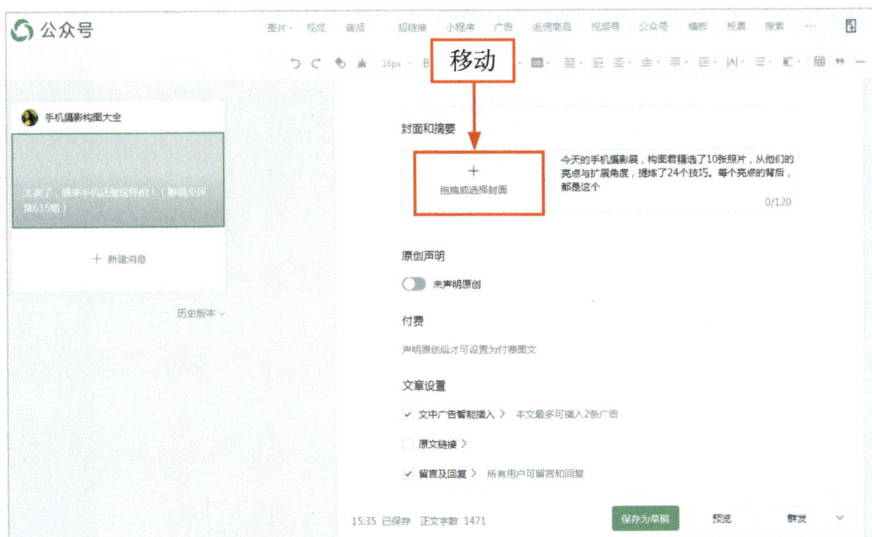

图3-7 将光标移动到"拖拽或选择封面"按钮上面

步骤 07 执行操作后,弹出"选择图片"对话框,选择左侧的"我的图片"选项,选择一张图片，单击"下一步"按钮，如图 3-8 所示。

① 编者注："拽"应为"曳"，此处为保存持图文一致未改。

图 3-8　选择图片

步骤 08 执行操作后，按各个尺寸裁剪好封面，并进行预览，单击"完成"按钮，如图 3-9 所示。

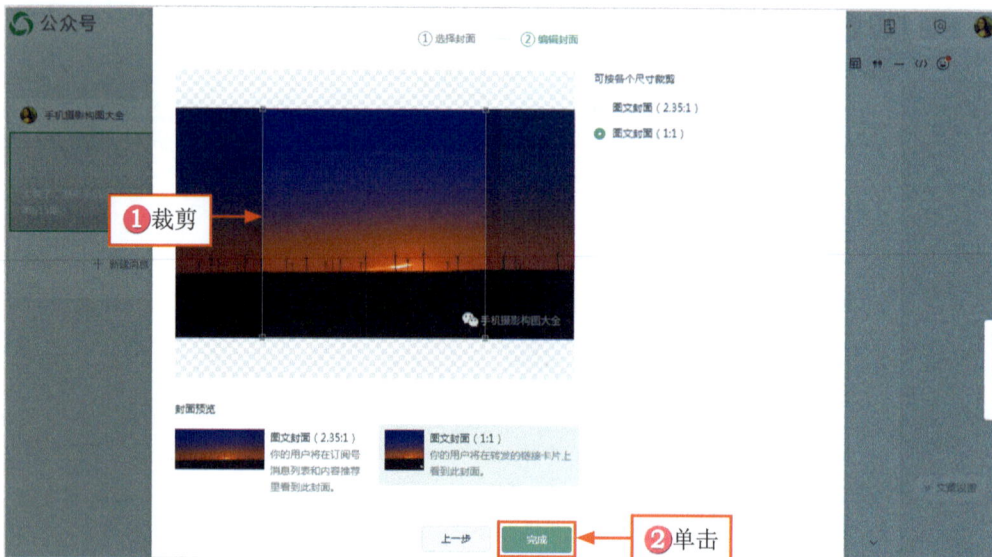

图 3-9　裁剪封面

步骤 09 执行操作后，即可完成封面的添加，单击"未声明原创"按钮，如图 3-10 所示。

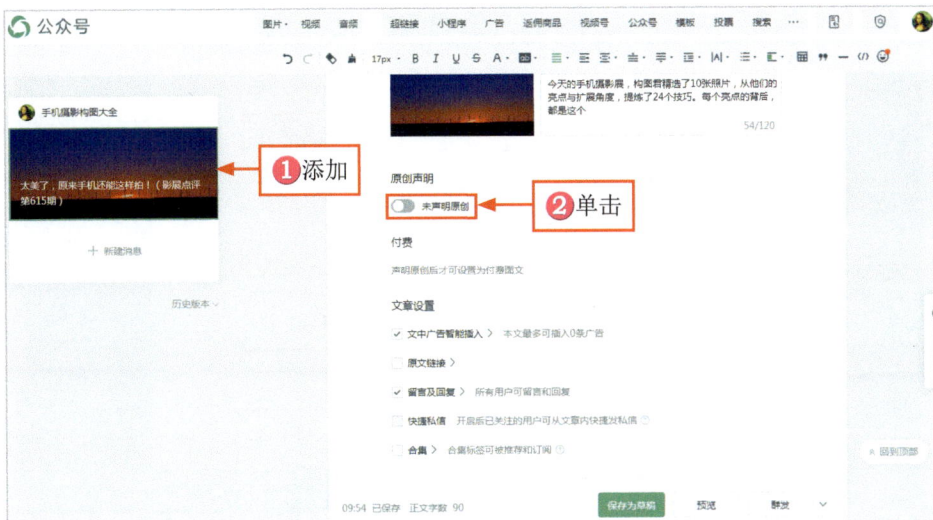

图 3-10 单击"未声明原创"按钮

步骤⑩ 弹出"声明原创"对话框，勾选"我已阅读并同意遵守《微信公众平台原创声明及相关功能使用协议》《微信公众平台赞赏功能使用协议》"复选框，单击"下一步"按钮，如图 3-11 所示。

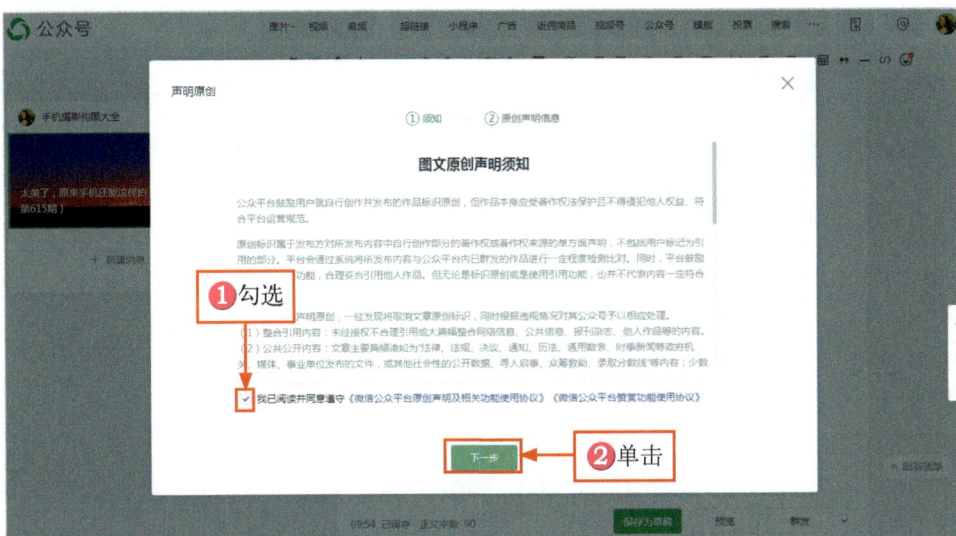

图 3-11 "声明原创"对话框

步骤⑪ 执行操作后，选择合适的文章类别，然后在"赞赏自动回复"选项下选择一个回复素材，单击"确定"按钮，如图 3-12 所示。

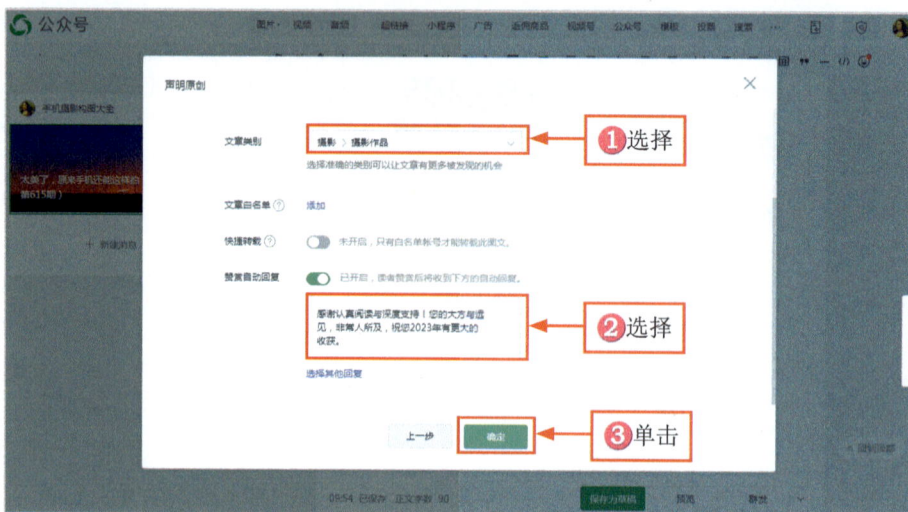

图 3-12　选择回复素材

步骤⑫ 执行操作后，返回图文消息编辑页面，单击"未开启付费"按钮，如图 3-13 所示。

图 3-13　单击"未开启付费"按钮

步骤⑬ 弹出"付费图文"对话框，勾选"我已阅读并同意遵守《微信公众平台付费功能服务条款》《微信公众平台原创声明及相关功能使用协议》复选框，然后单击"下一步"按钮，如图 3-14 所示。

步骤⑭ 执行操作后，即可在此进行付费图文设置，单击"确定"按钮，如图 3-15 所示，即可完成设置。

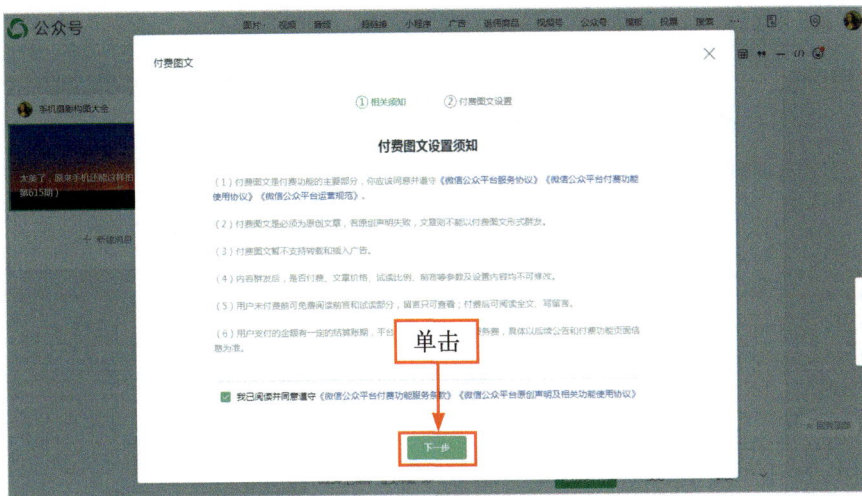

图 3-14　"付费图文"对话框

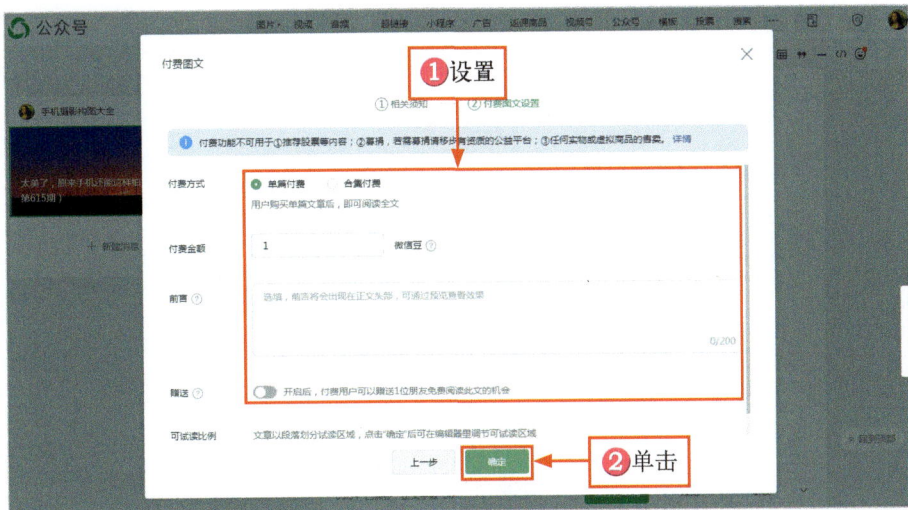

图 3-15　付费图文设置

专家提醒

在付费图文的模式下，可以适当写一些前言，吸引用户兴趣。

步骤⑮ 执行操作后，系统自动返回图文消息编辑页面，单击"文章设置"按钮，如图 3-16 所示。

图 3-16　单击"文章设置"按钮

步骤⑯ 执行操作后，在"文章设置"选项组中勾选"留言及回复"复选框，单击"群发"按钮右侧的展开按钮∨，然后单击"发布"按钮，如图 3-17 所示，即可完成图文消息的发布。

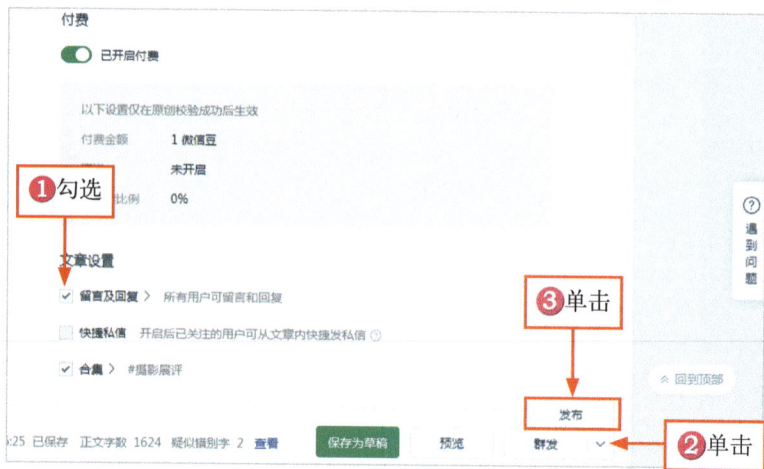

图 3-17　完成图文消息的发布

专家提醒

　　留言及回复功能可以促进公众号运营者与用户的互动，在文章设置时一般都会勾选。运营者通过和用户在留言区的互动，能提高用户黏性。单击"群发"按钮时，也可以选择定时发布，但需要管理员扫码通过。

3.1.2　添加小程序

微信小程序是一种不需要下载安装即可使用的应用，非常方便，功能也很齐全。运营者在发布文章的时候，可以对小程序进行宣传，吸引用户的关注。那么，运营者在发布图文消息时，应该如何添加小程序呢？下面笔者将进行具体的讲解。

步骤①　编辑好全部的图文内容，单击"小程序"按钮，如图 3-18 所示。

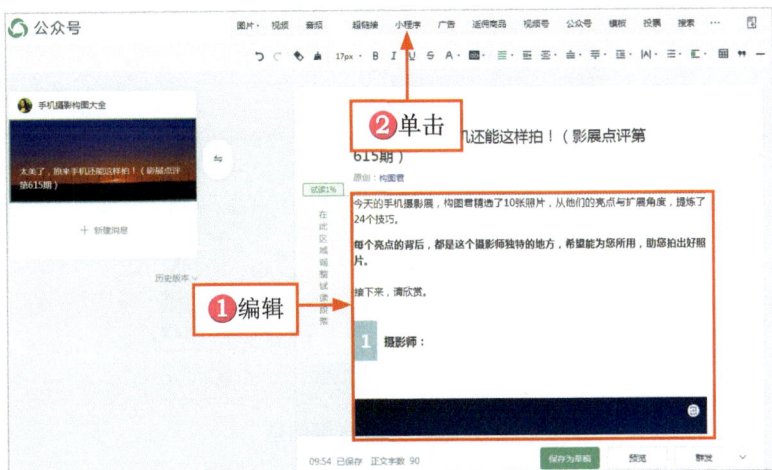

图 3-18　单击"小程序"按钮

步骤②　执行操作后，在搜索框中输入小程序的名称，这里以"手机摄影构图大全"为例，单击搜索图标 Q，然后单击"下一步"按钮，如图 3-19 所示。

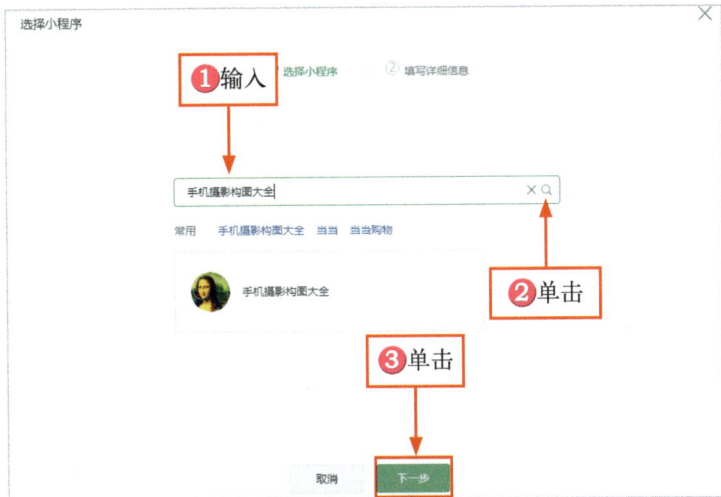

图 3-19　选择小程序

步骤 03 执行操作后，选择一个合适的展示方式，如选中"小程序卡片"单选按钮，并给小程序卡片添加一个片头标题。在"卡片样式"选项中选择一张合适的图片，裁剪好图片后单击"确定"按钮，如图 3-20 所示。

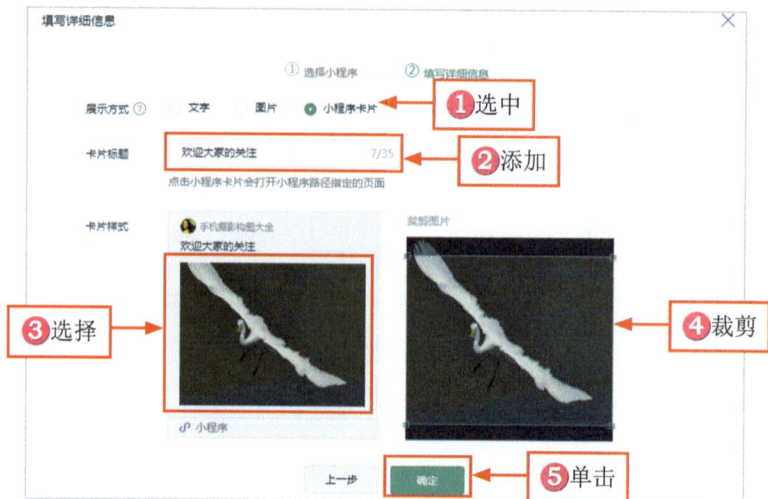

图 3-20　填写详细信息

步骤 04 执行操作后，即可完成小程序的添加，如图 3-21 所示。

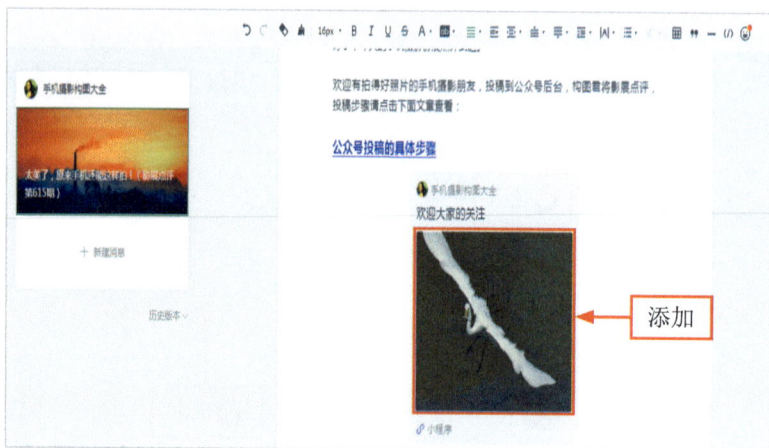

图 3-21　成功添加小程序

3.1.3　添加广告

在文章中添加广告，是大多数品牌利用社交关系链进行互动传播的方法之一，运营者在文章中添加广告，能够收取品牌的推广费。下面笔者将对添加广告的详细步骤进行讲解。

步骤01 编辑好全部的图文内容之后，单击"广告"按钮，如图 3-22 所示。

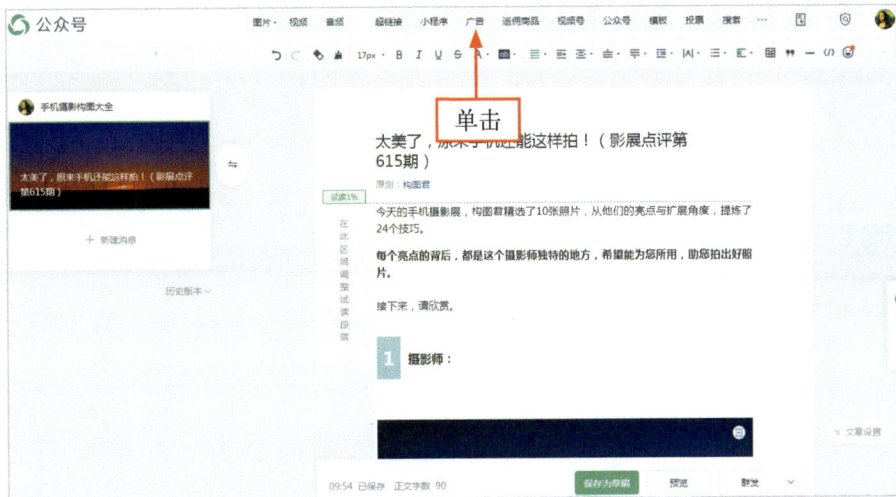

图 3-22　单击"广告"按钮

步骤02 弹出"选择广告"对话框，选中"智能插入"单选按钮，单击"确定"按钮，如图 3-23 所示，即可在文章中插入广告。

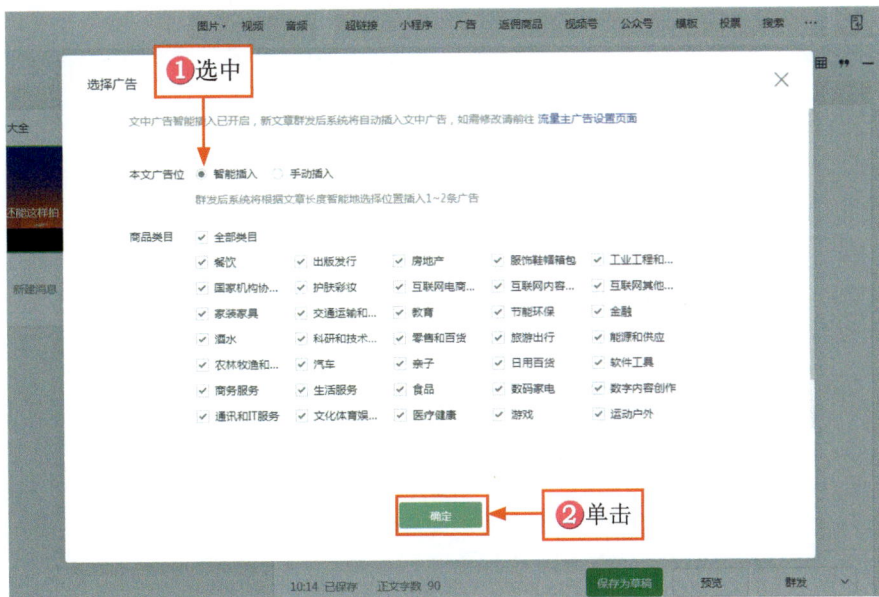

图 3-23　"选择广告"对话框

3.1.4 添加返佣商品

除了添加广告，运营者还可以直接通过添加返佣商品来赚取推广费。下面笔者将对添加返佣商品的操作进行具体的讲解。

步骤① 编辑好全部的图文内容，单击"返佣商品"按钮，如图3-24所示。

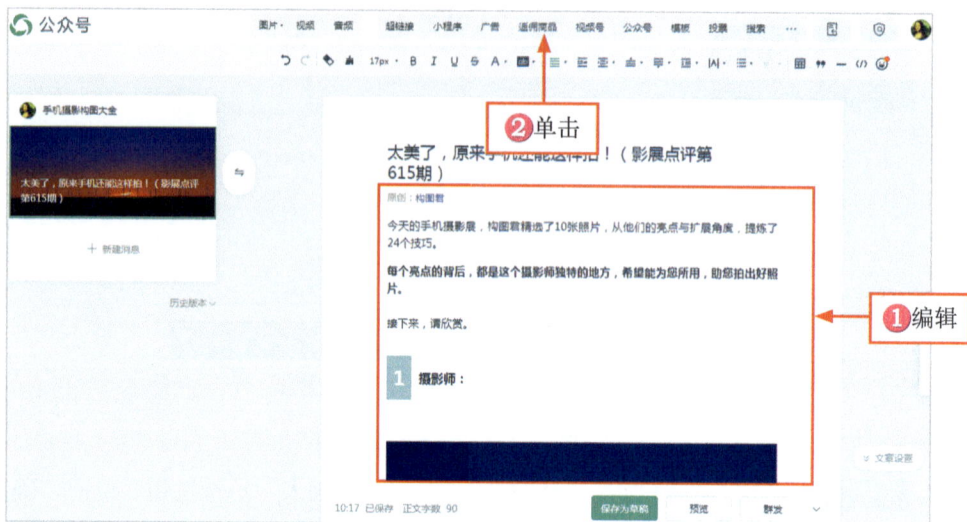

图3-24 单击"返佣商品"按钮

步骤② 弹出"选择商品"对话框，切换到"历史商品"选项卡，选择需要添加的商品，单击"确认"按钮，如图3-25所示。

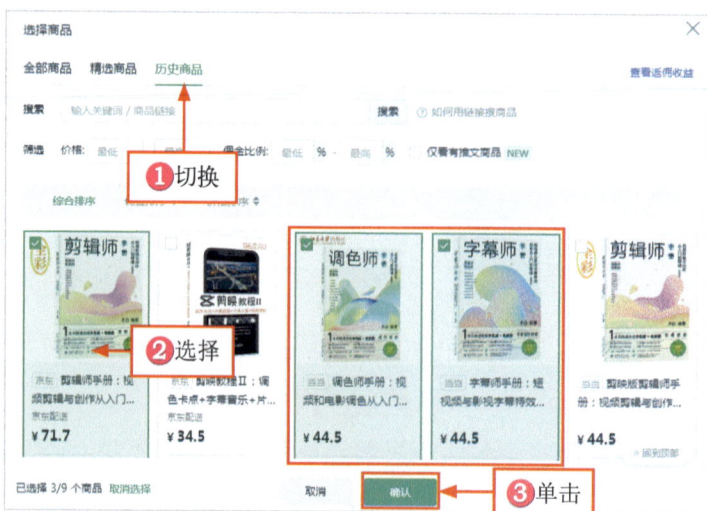

图3-25 "选择商品"对话框

步骤 03 执行操作后，即可成功添加返佣商品，如图 3-26 所示。

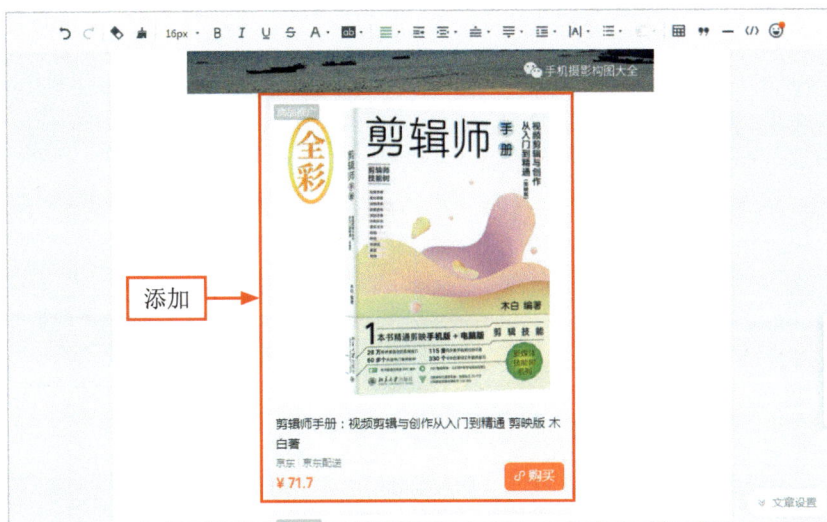

图 3-26 添加返佣商品

3.1.5 插入视频号内容

在发布图文消息时，如果想要添加视频，可以添加视频号中发布的内容。那么，我们又应该如何插入视频号的内容呢？下面笔者将进行具体的讲解。

步骤 01 编辑好全部的图文内容，单击"视频号"按钮，如图 3-27 所示。

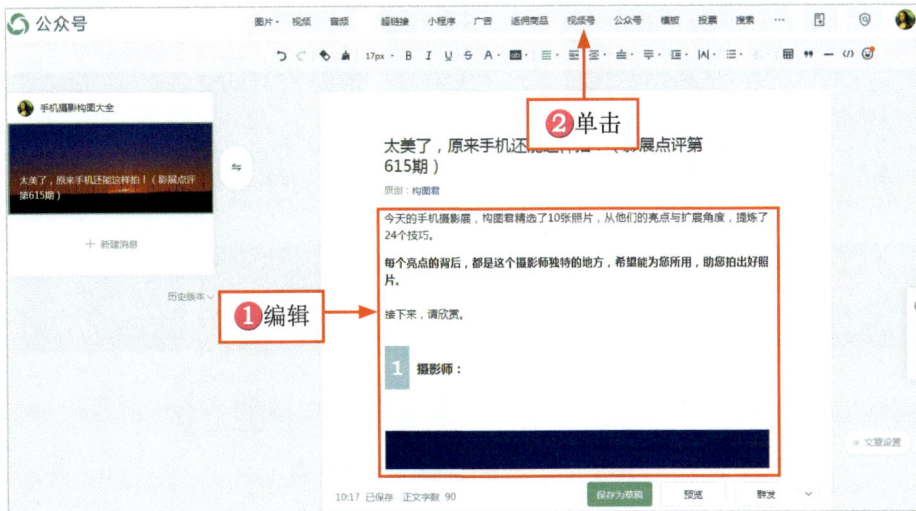

图 3-27 单击"视频号"按钮

步骤 02 弹出"插入视频号内容"对话框，输入视频号名称，如"龙飞摄影"，单击搜索图标，如图 3-28 所示。

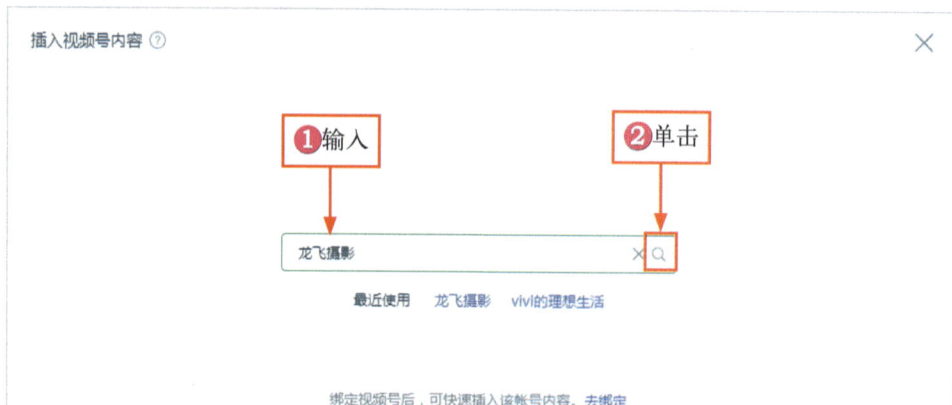

图 3-28　"插入视频号内容"对话框

步骤 03 执行操作后，单击其头像进入视频号内容主页，选择一个合适的视频，单击"插入"按钮，如图 3-29 所示。

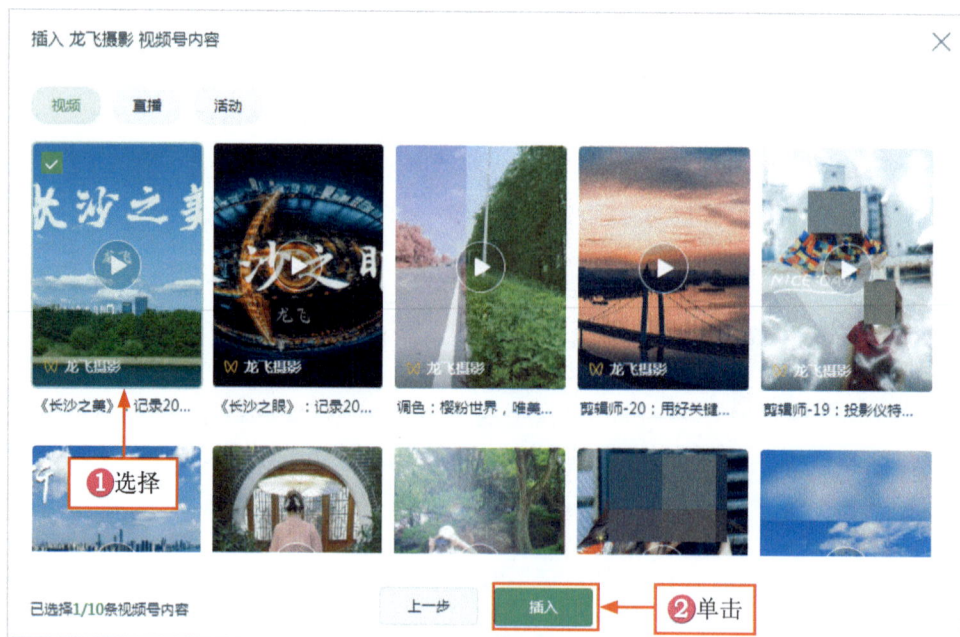

图 3-29　选择插入的视频号内容

步骤 04 执行操作后，即可成功插入视频号内容，如图 3-30 所示。

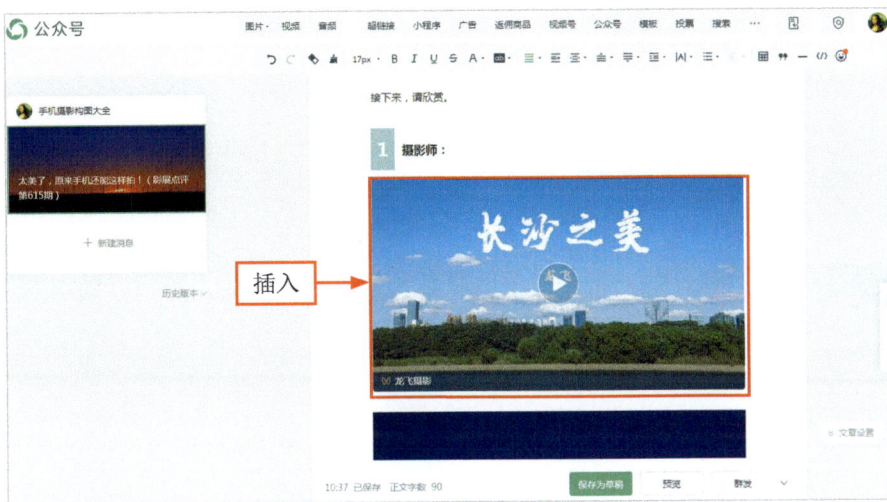

图 3-30　插入视频号内容

3.1.6　插入公众号

在发布图文消息时，运营者也可以在文章的最后加上公众号名片，让更多的人注意到，从而加强宣传。下面笔者将对插入公众号的操作步骤进行具体的讲解。

步骤 01 编辑好全部的图文内容，单击"公众号"按钮，如图 3-31 所示。

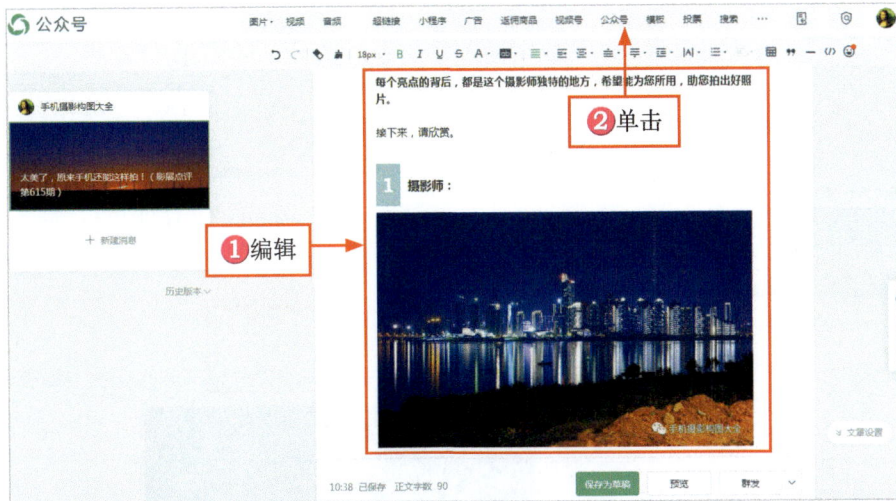

图 3-31　单击"公众号"按钮

步骤 02 弹出"插入公众号"对话框，输入公众号名称，如"手机摄影构图大全"，单击搜索图标 🔍 ，如图 3-32 所示。

图 3-32　单击搜索图标

步骤 03　执行操作后，选择"手机摄影构图大全"选项，单击"插入"按钮，如图 3-33 所示。

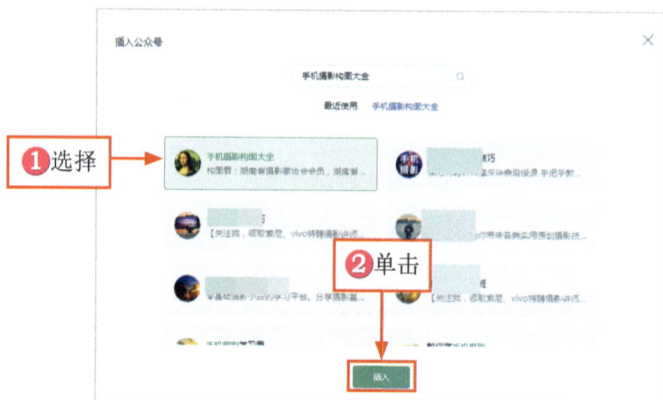

图 3-33　选择要插入的公众号

步骤 04　执行操作后，即可成功插入公众号，如图 3-34 所示。

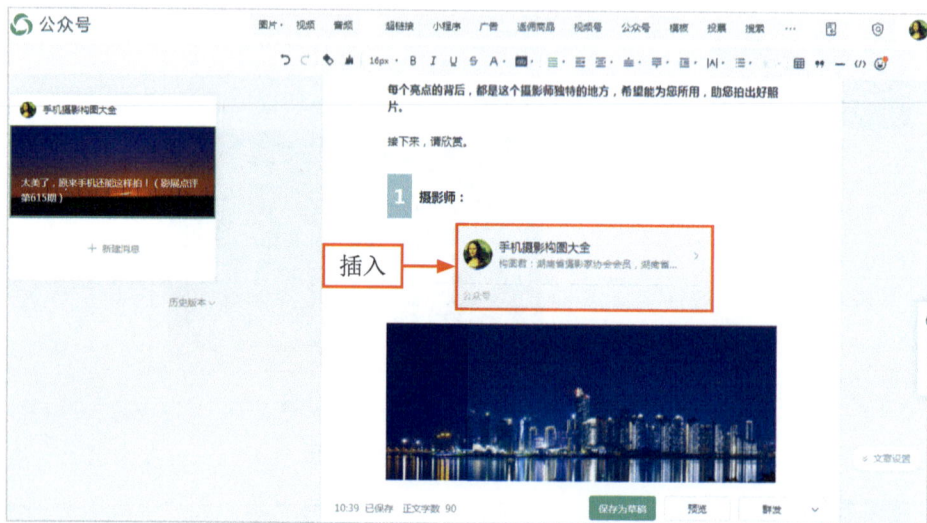

图 3-34　插入公众号

3.1.7　插入图文模板

考虑到文章的更新速度和质量，运营者可以通过插入图文模板来节省时间，而且图文模板的格式和版式都设置得非常完善，只需要把细节的内容放入即可。下面笔者将对插入图文模板的操作步骤进行具体的讲解。

步骤01　进入图文消息编辑页面，单击"模板"按钮，如图 3-35 所示。

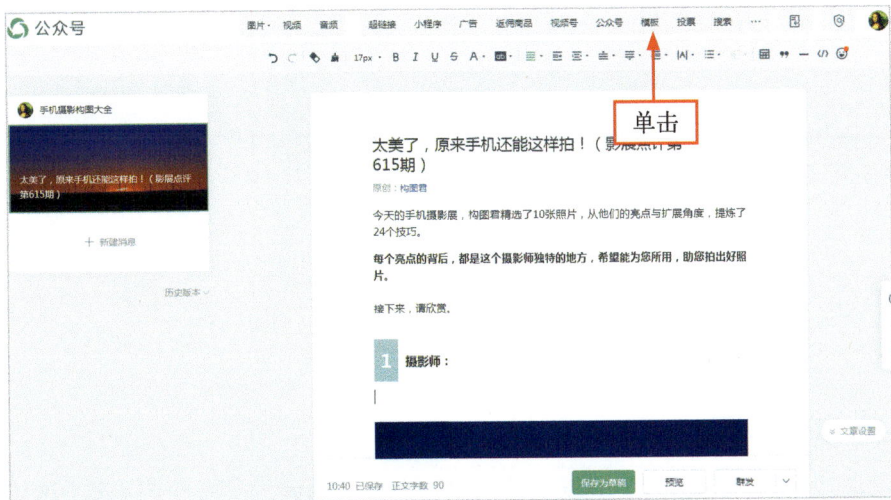

图 3-35　单击"模板"按钮

步骤02　弹出"插入模板"对话框，选择一个模板，单击"添加到正文"按钮，如图 3-36 所示。

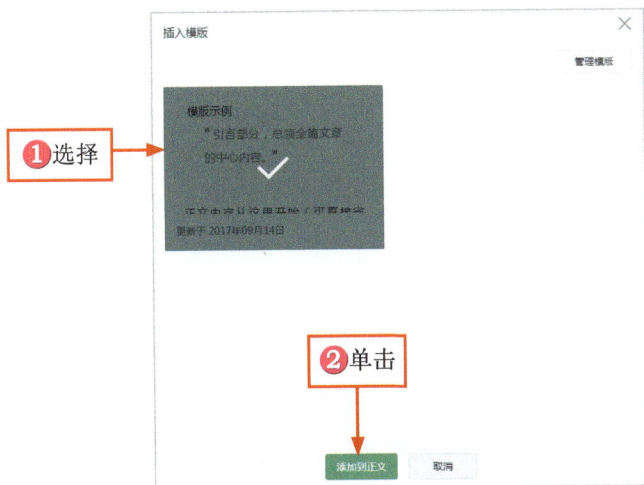

图 3-36　"插入模板"对话框

步骤 03 执行操作后，即可成功插入图文模板，如图 3-37 所示，编写时在此模板上进行修改即可。

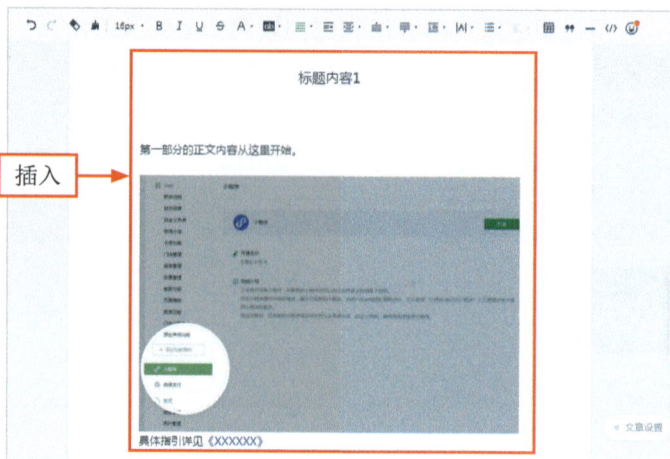

图 3-37　插入图文模板

3.1.8　发起投票

随着应用软件的功能变得越来越齐全，许多运营者为了发布更受欢迎的内容，通常会通过评论和投票两种方式来调查粉丝的支持率，从而知晓粉丝的真实想法。

跟评论相比，投票这种方式更有效率，覆盖率也更高，因为投票只需要点击一下选项即可，非常节省时间和精力，想参与的人也会更多。下面笔者将对在图文消息中发起投票的操作方法进行具体的讲解。

步骤 01 编辑好全部的图文内容，然后单击"投票"按钮，如图 3-38 所示。

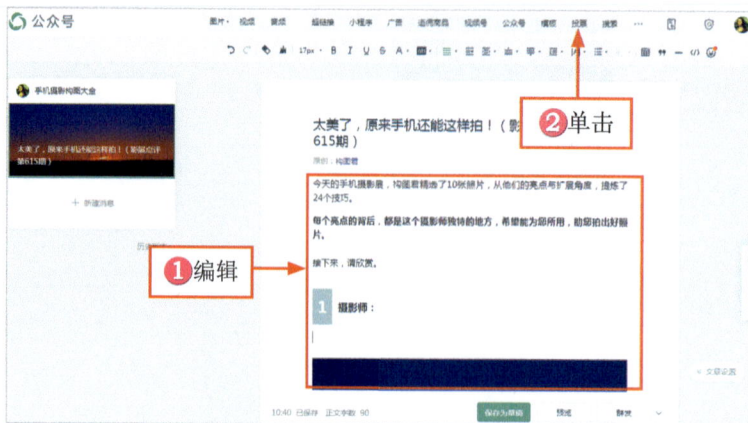

图 3-38　单击"投票"按钮

步骤 02 弹出"发起投票"对话框，单击"新建投票"按钮，如图 3-39 所示。

图 3-39 单击"新建投票"按钮

步骤 03 执行操作后，进入"新建投票"页面，输入投票名称，设置投票的截止时间，如图 3-40 所示。

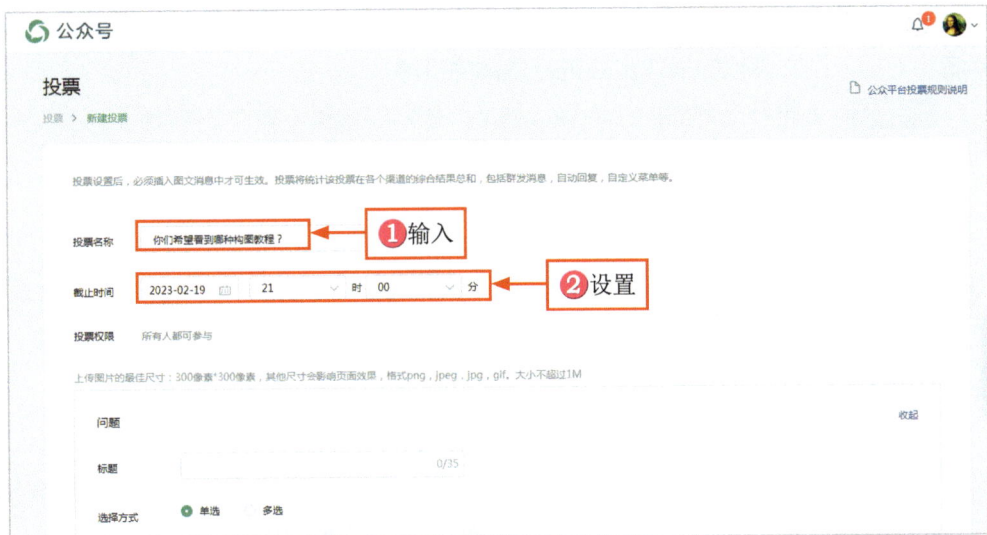

图 3-40 设置投票的截止时间

步骤 04 执行操作后，输入投票的标题，更改选择方式，输入各选项中的内容，单击"保存并发布"按钮，如图 3-41 所示。

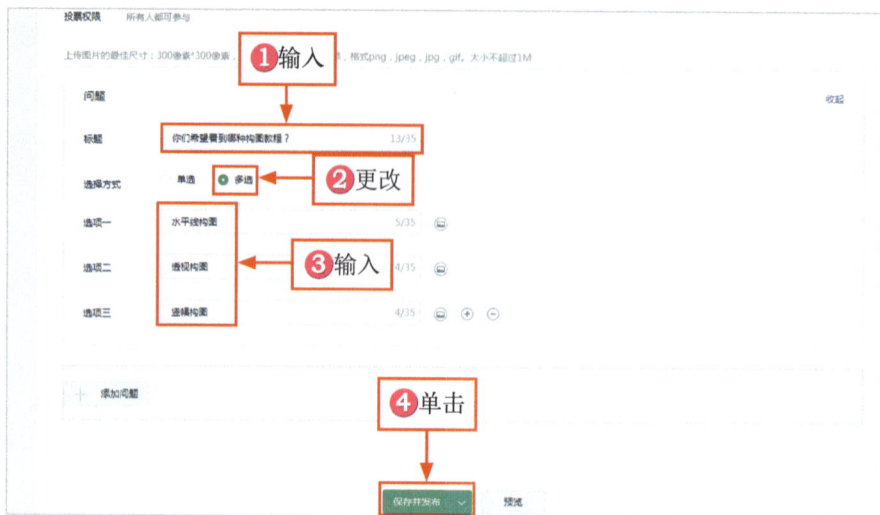

图 3-41 单击"保存并发布"按钮

3.1.9 插入搜索组件

有的微信公众号一天发布好几篇文章，导致一些用户很难找到之前看过的文章，有时甚至花费大量的时间，也不一定能找得到。所以，每一篇文章发布前，运营者可以为其插入一个搜索组件，帮助用户更快捷地检索到公众号内的关联内容。下面笔者将对插入图文模板的操作步骤进行具体的讲解。

步骤 01 编辑好全部的图文内容，单击"搜索"按钮，如图 3-42 所示。

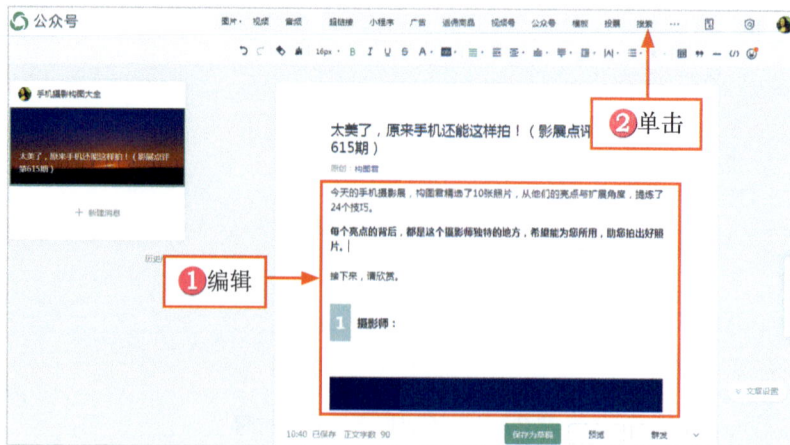

图 3-42 单击"搜索"按钮

步骤 ⑫ 弹出"插入搜索组件"对话框,在右侧的"搜索词"选项组中输入搜索词,单击"确定"按钮,如图 3-43 所示。

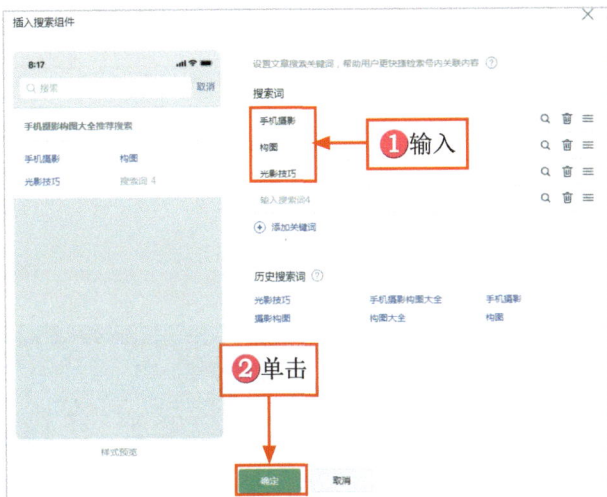

图 3-43　"插入搜索组件"对话框

步骤 ⑬ 执行操作后,即可成功插入搜索组件,如图 3-44 所示。

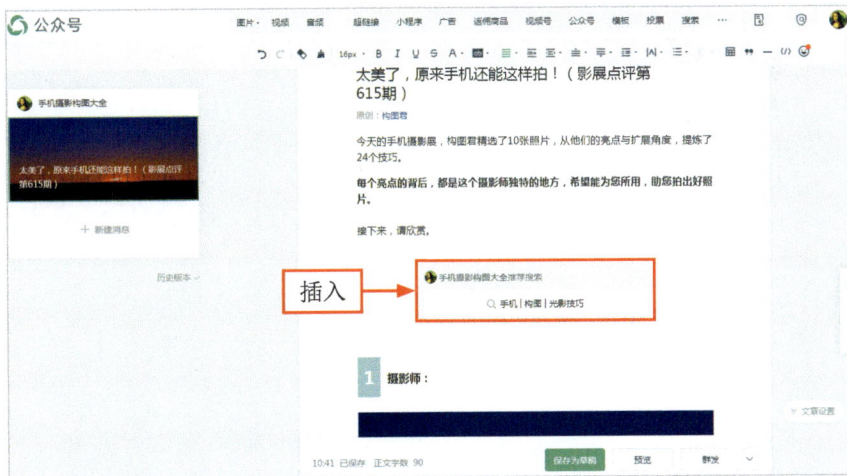

图 3-44　插入搜索组件

3.1.10　添加地理位置

在图文文章中添加地理位置,不仅能够让用户知晓运营者所处的位置或者图片的拍摄位置,还能引起用户对这个地方的关注。下面笔者将对添加地理位置的操作步骤进行具体的讲解。

步骤01 编辑好全部的图文内容，单击"地理位置"按钮，如图 3-45 所示。

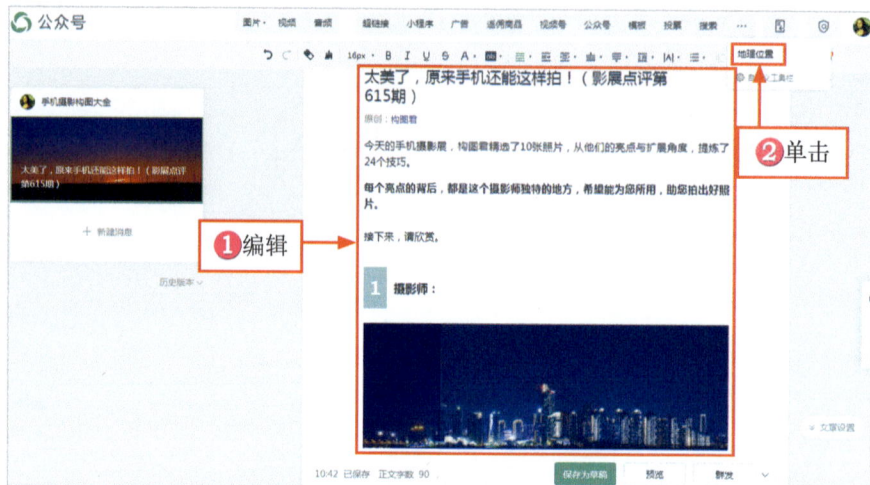

图 3-45 单击"地理位置"按钮

步骤02 弹出"插入位置"对话框，在搜索框中输入地点，单击搜索框右侧的搜索图标 Q ，在左侧的搜索结果中选择一个更为精确的位置，单击"下一步"按钮，如图 3-46 所示。

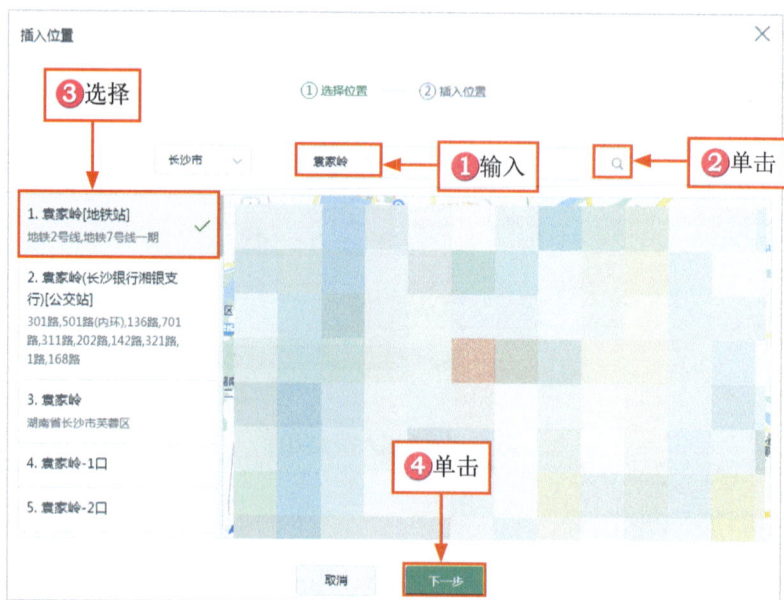

图 3-46 "插入位置"对话框

步骤 ⑬ 执行操作后，自行选择位置的展示方式，单击"确认"按钮，如图 3-47 所示。

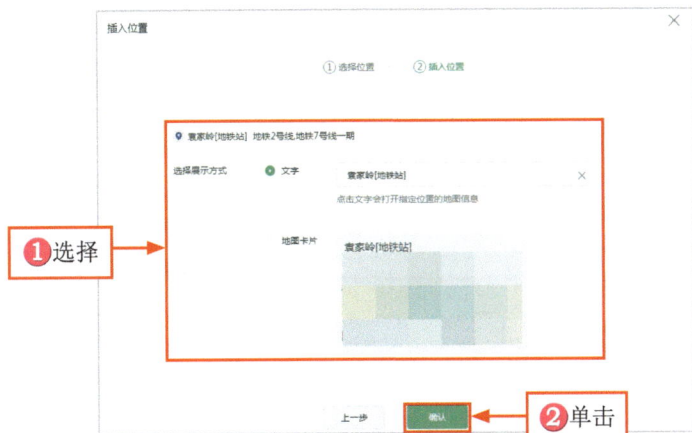

图 3-47　选择位置的展示方式

步骤 ⑭ 执行操作后，即可成功添加地理位置，如图 3-48 所示。

图 3-48　添加地理位置

3.1.11　选择已有图文

除了自己发布新的图文消息，运营者还可以直接在已有图文中修改、调整，这样不仅可以节省运营者的时间，还可以有效避免出现细节错误。下面笔者将对选择已有图文的操作步骤进行具体的讲解。

步骤 ⓞ1 进入微信公众平台的后台，在"新的创作"选项组中，单击"选择已有图文"按钮，如图 3-49 所示。

图 3-49　单击"选择已有图文"按钮

步骤 ⓞ2 弹出"选择已有图文"对话框，单击左侧的"草稿"按钮，选择一个图文，单击"确定"按钮，如图 3-50 所示。

图 3-50　选择已有图文

步骤 ⓞ3 执行操作后，即可将图文添加到编辑页面，如图 3-51 所示，运营者可在此基础上对文章内容进行修改和调整。

图 3-51　添加图文到编辑页面

3.2　其他内容形式：丰富发布的形式

除了发布图文消息，运营者还可以发布其他内容形式的文章，如纯图片消息和纯文字消息等。下面笔者将进行详细的步骤解读。

3.2.1　发布图片消息

发布图片消息是指发布以图片为主的文章，其主要作用是让用户观赏图片。下面笔者将对发布图片消息的操作步骤进行具体的讲解。

步骤 01 进入微信公众平台的后台，在"新的创作"选项组中，单击"图片消息"按钮，如图 3-52 所示。

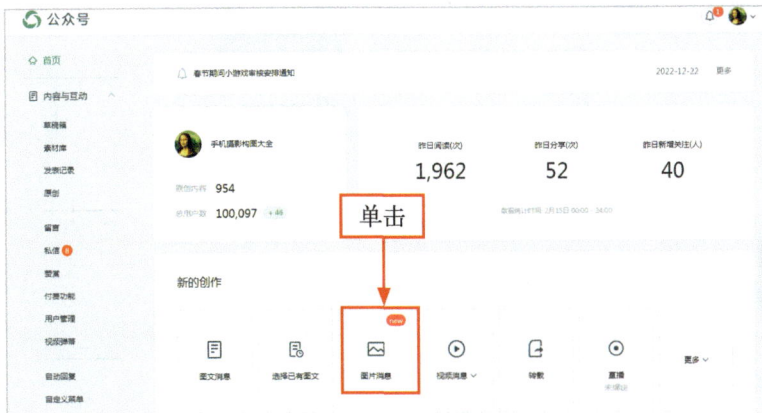

图 3-52　单击"图片消息"按钮

步骤 02 弹出"选择图片"对话框，在"我的图片"选项卡中，选择几张图片，单击"确定"按钮，如图3-53所示。

图 3-53　选择图片

步骤 03 执行操作后，图片即可成功添加到编辑页面，然后再输入标题和相关描述信息，如图3-54所示。

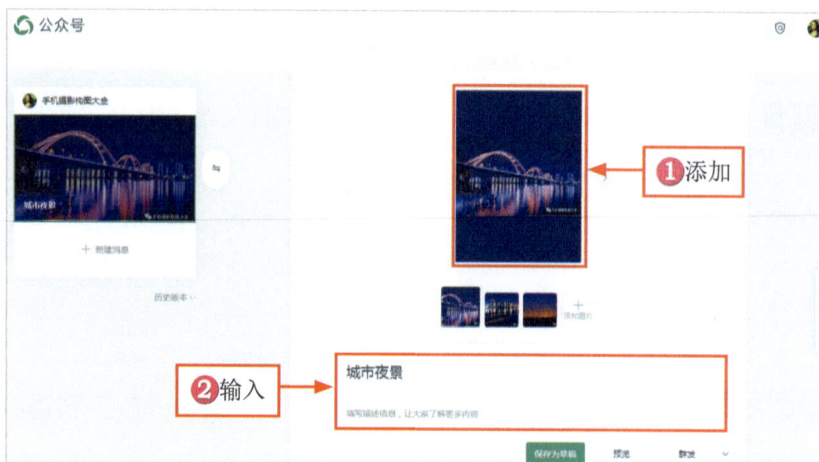

图 3-54　发布图片消息

3.2.2　发布文字消息

发布文字消息是指发布全都是文字的文章，而且系统不支持添加图片。下面笔者将对发布文字消息的操作步骤进行具体的讲解。

步骤 01　进入微信公众平台的后台,在"新的创作"选项组中,将光标移动到"更多"选项上,在弹出的列表中单击"文字消息"按钮,如图 3-55 所示。

图 3-55　单击"文字消息"按钮

步骤 02　进入文字消息编辑页面,输入文字,如图 3-56 所示。

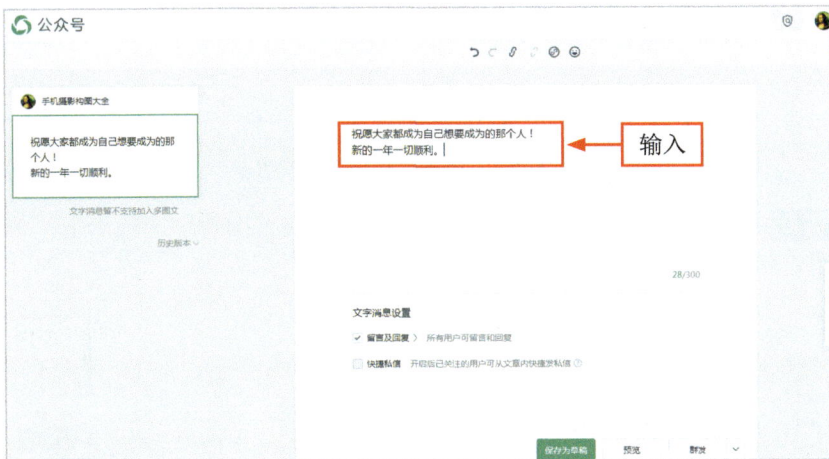

图 3-56　发布文字消息

3.3　内容管理:对素材库进行整理

内容管理是指对微信公众号后台的素材库进行整理,素材库主要包括图片素材、音频素材和视频素材。本节将对内容管理进行详细的步骤解读。

3.3.1　图片素材整理

图片是微信公众号后台素材库中最多的素材，因此更需要运营者经常去整理，让繁杂的图片素材变得更整洁，在选择图片的时候能够节省时间。下面笔者将对整理图片素材的操作步骤进行具体的讲解。

1. 图片上传

上传图片素材到素材库，能让制作者在编辑文章时节省找图片的时间，具体操作如下。

步骤 01　进入微信公众平台的后台，单击左侧的"内容与互动"按钮，单击"素材库"按钮，如图 3-57 所示。

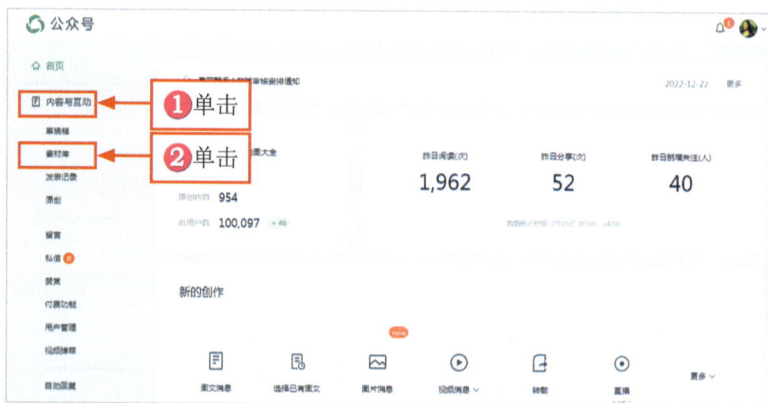

图 3-57　单击"素材库"按钮

步骤 02　进入"素材库"页面，系统默认停留在"图片"选项卡上，单击"上传"按钮，如图 3-58 所示。

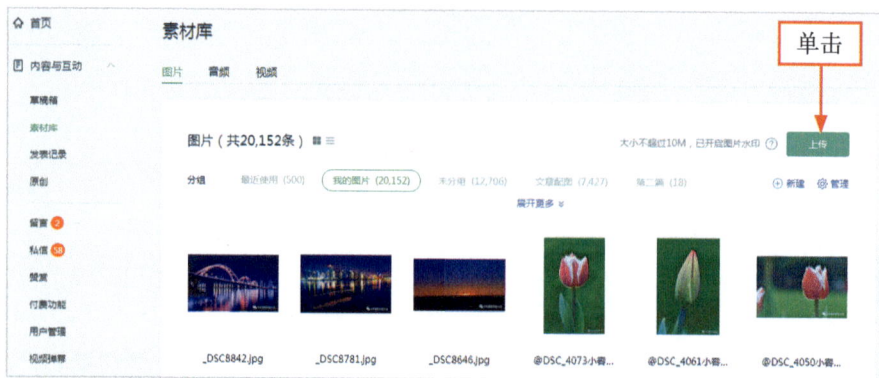

图 3-58　进入"素材库"页面

步骤(03) 执行操作后，弹出"打开"对话框，选择需要上传的图片，单击"打开"按钮，如图 3-59 所示。

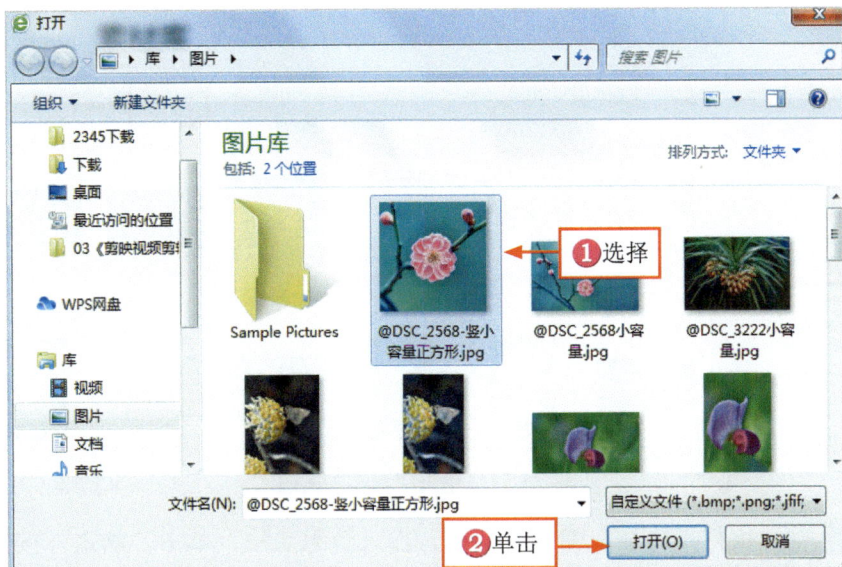

图 3-59　选择上传的图片

步骤(04) 执行操作后，自动返回"图片"素材库页面，可以看到刚刚选择的图片已经成功上传，如图 3-60 所示。

图 3-60　成功上传图片

2. 新建分组

新建分组能使用户更精准地找到需要的图片，它的操作也很简单，具体步骤如下。

步骤 01 在"图片"素材库中，单击"新建"按钮，如图 3-61 所示。

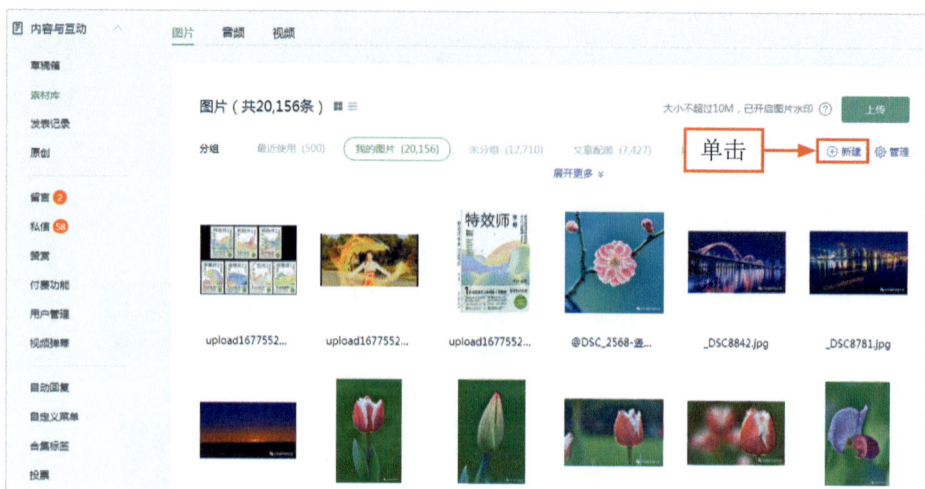

图 3-61　单击"新建"按钮

步骤 02 执行操作后，弹出对话框，输入分组名称，单击"确定"按钮，如图 3-62 所示，即可完成新建分组。

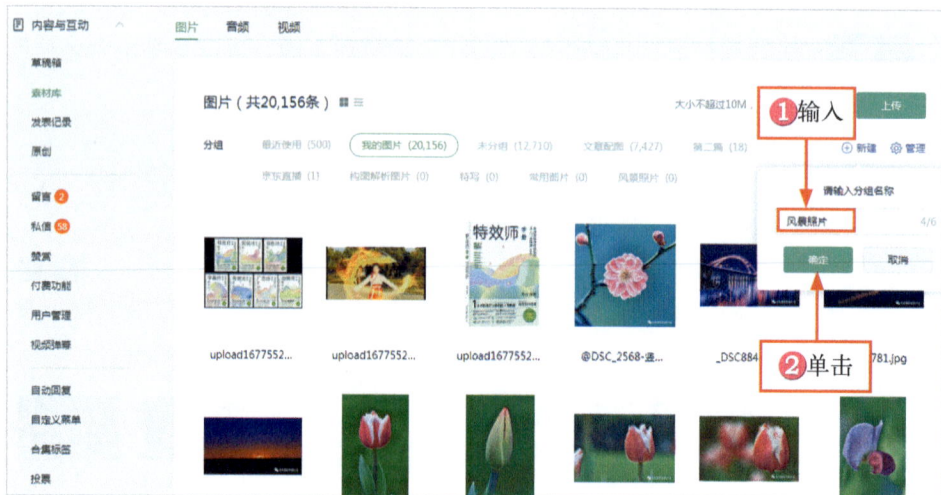

图 3-62　新建分组

3. 管理分组

"管理分组"是指对图片素材进行分组管理，它的操作很简单，具体步骤如下。

步骤 01 在"图片"素材库中，单击"管理"按钮，如图 3-63 所示。

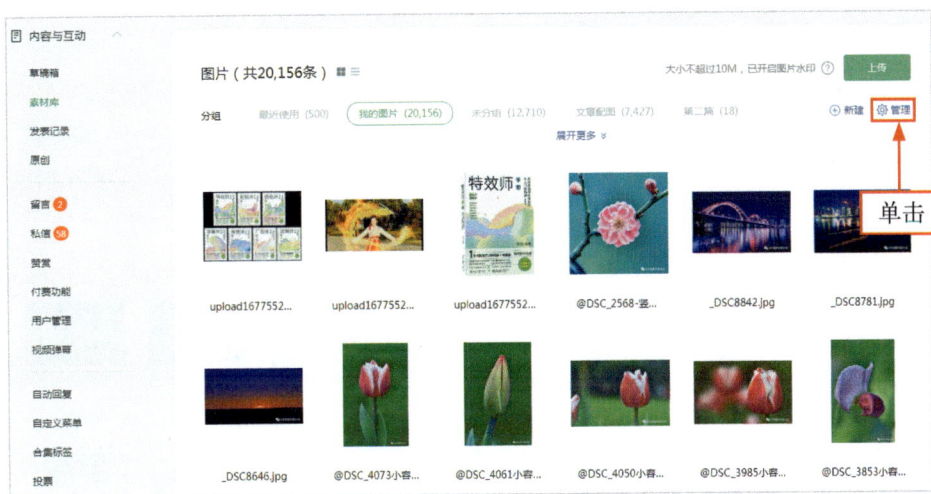

图 3-63　单击"管理"按钮

步骤 02　弹出"管理分组"对话框，可对相关分组进行重命名、删除和调整前后顺序的处理。处理完成后，单击"确认"按钮，如图 3-64 所示。

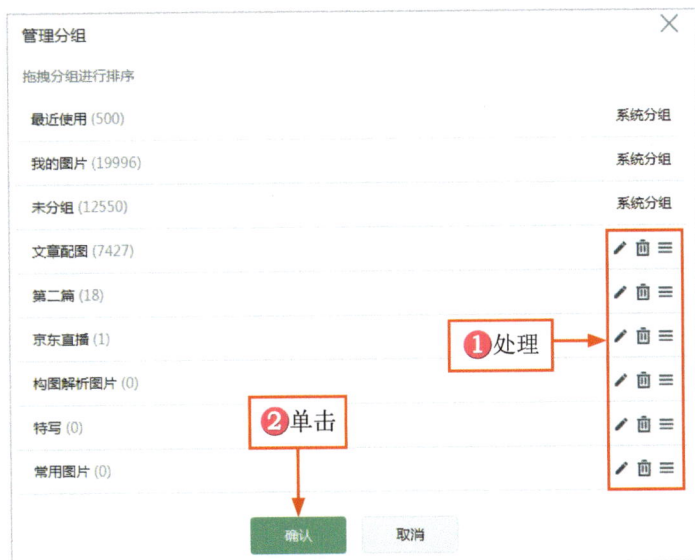

图 3-64　管理分组

4．图片编辑

图片编辑是指对图片素材进行"前往发布""删除""移动分组"的处理。返回"图片"素材库页面，选择好图片，在图片区域的右上角有 3 个图标，分别表示"前往发布"⏏、"删除"🗑 和"移动分组"⇆，如图 3-65 所示。

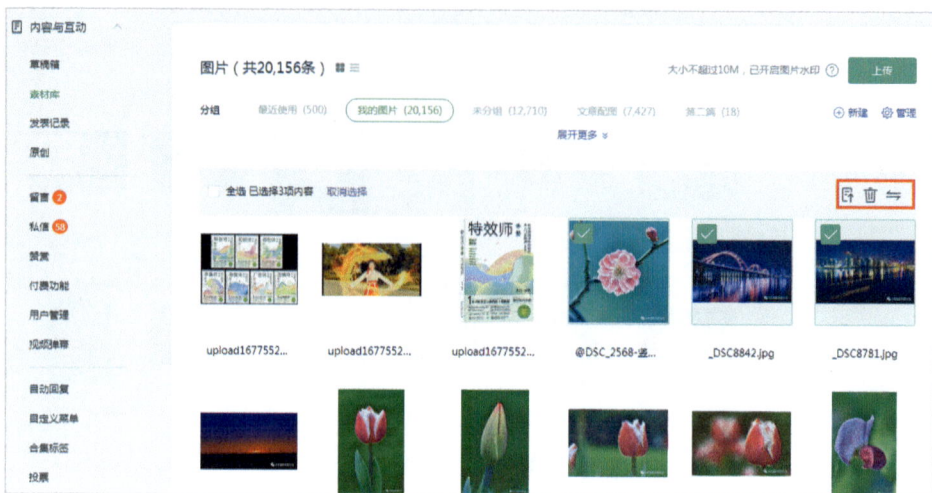

图 3-65 对图片素材进行相关处理

3.3.2 音频素材整理

除了整理图片素材，音频素材的整理也很重要。整理音频素材，主要是对其进行"上传""前往发布""下载""编辑""删除"处理，具体操作方法如下。

步骤01 在"音频"素材库页面，单击"上传音频"按钮，如图 3-66 所示。

图 3-66 单击"上传音频"按钮

步骤 02 弹出"上传音频"对话框，输入音频标题，选择一个分类，单击"上传文件"按钮，如图 3-67 所示。

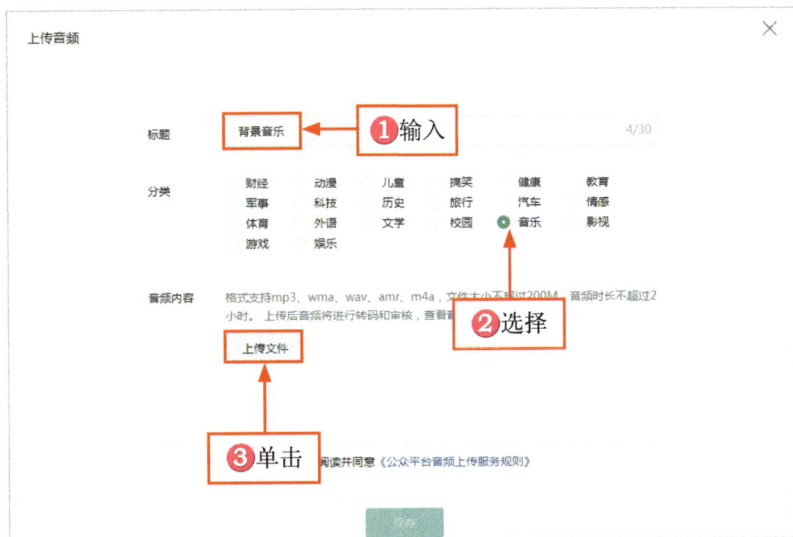

图 3-67 单击"上传文件"按钮

步骤 03 弹出"打开"对话框，选择一个音频素材，单击"打开"按钮，如图 3-68 所示。

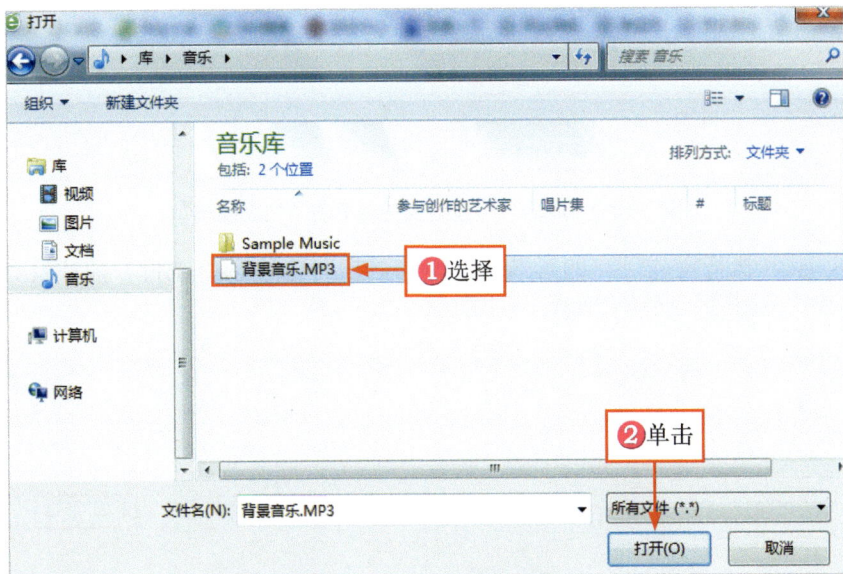

图 3-68 选择音频素材

步骤 04 执行操作后，勾选"我已阅读并同意《公众平台音频上传服务规则》"复选框，单击"保存"按钮，如图3-69所示。

图3-69 同意音频上传服务规则

步骤 05 执行操作后，待审核通过即可成功上传音频素材。单击"列表视图"图标，如图3-70所示。

图3-70 成功上传音频素材后单击"列表视图"

步骤 06 执行操作后，即可通过右侧的按钮对音频素材进行"前往发布""下载""编辑""删除"处理，如图3-71所示。

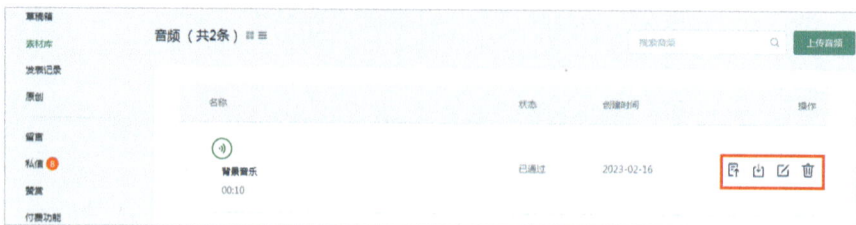

图3-71 对音频素材进行相关处理

3.3.3　视频素材整理

在素材库中，视频素材和音频素材的整理步骤大致是一样的，只缺少"下载"这一操作功能。下面笔者以添加视频素材为例，对添加视频素材的操作步骤进行具体的讲解。

步骤 01 在"视频"素材库页面，单击"添加"按钮，如图 3-72 所示。

图 3-72　单击"添加"按钮

步骤 02 执行操作后，进入"添加视频"页面，单击"上传视频"按钮，如图 3-73 所示。

图 3-73　单击"上传视频"按钮

步骤 03 弹出"打开"对话框，选择一个视频素材，单击"打开"按钮，如

图 3-74 所示。

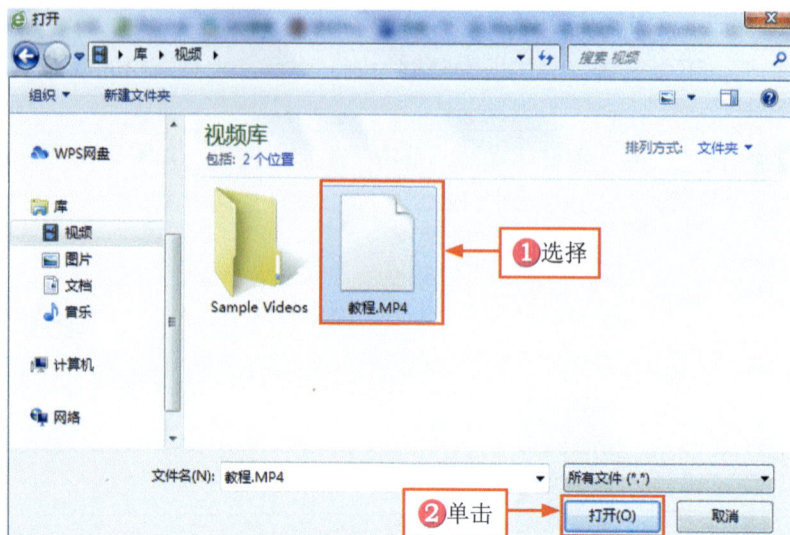

图 3-74 选择视频素材

步骤 04 成功上传视频后，系统会自动从视频中选择推荐封面，运营者也可以自行上传封面，如图 3-75 所示。

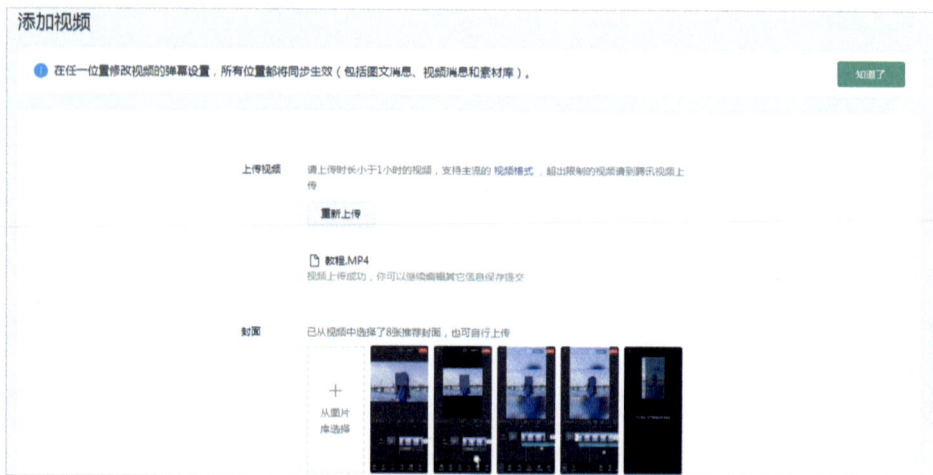

图 3-75 选择封面

步骤 05 选择一张图片作为封面，单击该图片，弹出"编辑封面"对话框，裁剪封面后，单击"完成"按钮，如图 3-76 所示。

图 3-76　编辑封面

步骤 06 执行操作后，在文本框中输入合适的标题，选择准确的视频分类，选填视频介绍，勾选"我已阅读并同意《公众平台视频上传服务规则》"复选框，单击"保存"按钮，即可上传视频如图 3-77 所示。

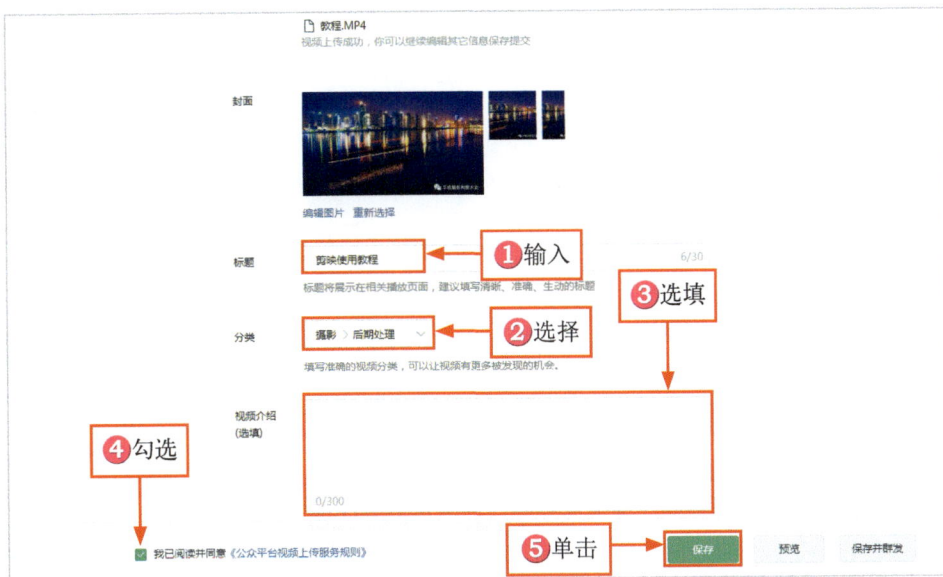

图 3-77　上传视频

第4章

吸粉引流——打造百万级的账号

学前提示：

公众号平台想要真正的爆火，获取利润，取决于它拥有多少用户，即粉丝。只有粉丝数量庞大，公众号平台才能够获得更高的关注度。

本章将向大家介绍一些活跃用户数量庞大的平台，以及如何利用这些平台吸粉引流，帮助运营者以最高效的方式获取大量优质粉丝。

要点展示：

➤ 引流策略：实现粉丝从零到百万

➤ 引流平台：扩大吸粉的活动范围

4.1　引流策略：实现粉丝从零到百万

引流吸粉是公众号运营者的一项重要工作，也是微信公众号运营工作中的重要一环，本节笔者将为大家介绍 5 种常见的吸粉引流方法。

4.1.1　大号互推

爆款大号互推，指的是两个或者两个以上的公众号运营者，双方或者多方之间达成协议，进行粉丝互推，为彼此引流，这样可以达到互利共赢的目的。微信公众号之间互推是一种快速涨粉的方法，它能够帮助运营者的微信公众号在短时间内获得大量的粉丝。

相信大家在很多的微信公众号中，曾见到过某一个公众号会专门写一篇文章给一个或者几个微信公众号进行推广的情况，这种推广就是公众号互推。这两个或者多个公众号的运营者会约定好有偿或者无偿给对方进行公众号推广。

运营者在采用公众号互推的方式进行吸粉引流的时候，需要注意的一点是，找的互推公众号平台尽量不要跟自己的平台是一个类型的，如果平台类型相同的话，运营者之间会存在一定的竞争关系。

两个互推的公众号之间应尽量存在互补性。举个例子，你的公众号是推送护肤用品的，那么你选择互推公众号时，就应该先考虑找那些推送护肤教程的公众号，这样获得的粉丝才是有价值的。

4.1.2　爆文引流

"内容为王"这一理念适用于整个公众号的运营过程，在引流方面更是有着巨大的作用，有时候一篇爆文能瞬间吸引大量粉丝关注公众号。那么什么样的文章才能称为爆文呢，爆文又应该如何打造呢？下面将分别从宏观和微观两方面进行讲解。

1. 宏观方面

从宏观角度来看，爆文内容应该具备以下 3 个特点。

（1）内容要有特色。

微信公众号平台如果能把握好以下两个要点，就能大大增强平台所发布内容的特色。

- 个性化内容：个性化的内容不仅可以增强用户的黏性，使之持久关注，还能让自身公众号脱颖而出。
- 价值型内容：运营者一定要注意内容的价值性和实用性，这里的价值和实用性是指符合用户需求，对用户有利、有用、有价值。

（2）具有较强的互动性。

通过微信公众号平台，运营者可以多推送一些能调动用户参与积极性的内容，将互动的信息与内容结合起来进行推广，单纯的互动信息推送缺乏趣味性，如果和内容相结合，那么就能够吸引更多的用户参与其中。

（3）能够激发读者的好奇心的内容。

运营者想要让目标用户群体关注公众号，那么就从激发他们的好奇心出发，如设置悬念、提出疑问等，这样往往会有事半功倍的效果，远比其他策略好得多。

2. 微观方面

上面从宏观方面对爆文要具备的特点进行了阐述，下面将从具体的一篇文章因素出发，谈谈怎样打造爆文。图 4-1 所示为从内容的微观因素方面打造爆文的方法。

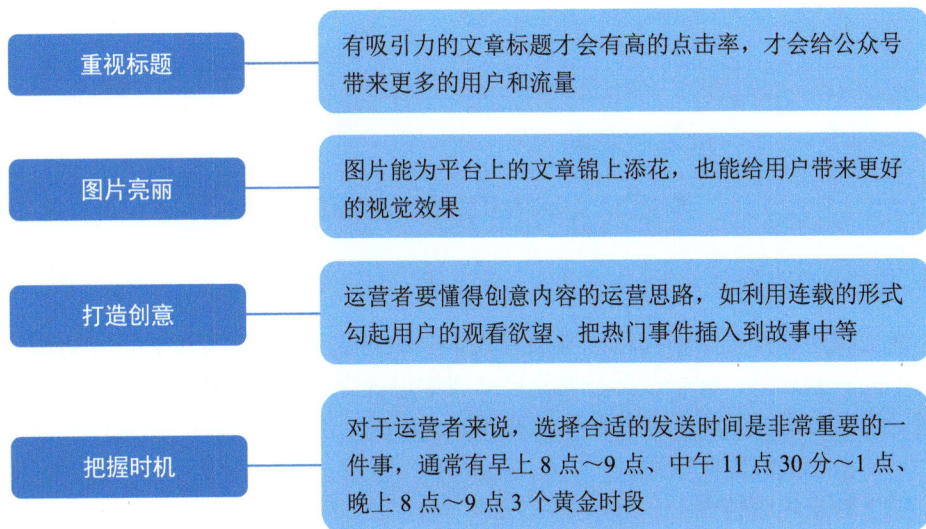

重视标题	有吸引力的文章标题才会有高的点击率，才会给公众号带来更多的用户和流量
图片亮丽	图片能为平台上的文章锦上添花，也能给用户带来更好的视觉效果
打造创意	运营者要懂得创意内容的运营思路，如利用连载的形式勾起用户的观看欲望、把热门事件插入到故事中等
把握时机	对于运营者来说，选择合适的发送时间是非常重要的一件事，通常有早上 8 点～9 点、中午 11 点 30 分～1 点、晚上 8 点～9 点 3 个黄金时段

图 4-1　从内容的微观因素方面打造爆文的方法

4.1.3　活动吸粉

活动运营不单单只是一个运营岗位，同时也是不断推出新产品的总指挥，无论线上线下，活动运营都是推广产品和引流的必备之选。

运营者可以通过在公众号平台或者其他平台上开展各种大赛活动，进行吸粉引流。通常在奖品或者其他条件的诱惑下，这种活动的参与人数会比较多，而且通过这种大赛获得的粉丝质量都会比较高，因为他们会更加主动地去关注公众号的动态。

以某微信公众号为例，该公众号根据其自身的优势，在自己的平台上开展了一个"大学生职业发展大赛"活动。图 4-2 所示为该公众平台对这次举办的活动的相关介绍。该活动在吸引用户投稿的同时，也让许多有参赛意愿的人成为平台的粉丝。

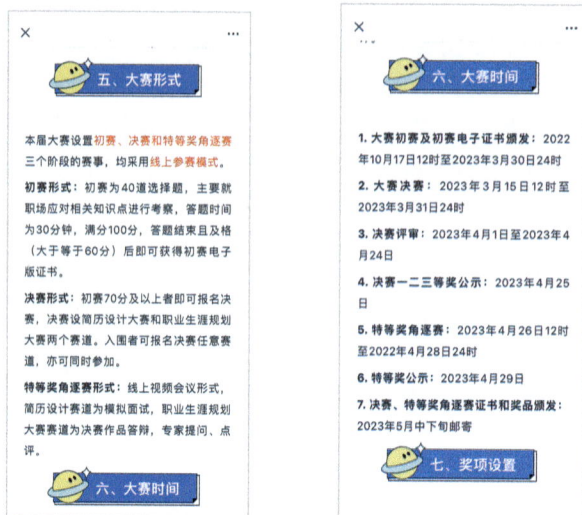

图 4-2　公众平台开展征稿大赛活动的案例

4.1.4　线上微课

线上微课是指按照新课程标准及其教学实践的要求，以多媒体资源（电脑、手机等）为主要载体，记录教师在课堂内外教学过程中围绕某个知识点而开展的网络课程。线上微课的主要特点有 8 个，具体如下。

（1）教学实践时间较短。

（2）教学内容较少。

（3）资源容量小。

（4）资源组成情景化。

（5）主题突出，内容具体。

（6）草根研究，创作趣味性强。

（7）成果简化，传播方式多样化。

（8）反馈及时，针对性强。

公众号中有一些专业的直播平台，比如"千聊"，运营者可以与这些平台合作，开设线上直播教学微课，从直播平台的观众当中引流。

4.1.5　热词引流

这里的热词指的是用户在搜索公众号时输入的热门词汇。许多人在搜索公众号时都会习惯性地输入一些关键词，而运营者需要做的就是通过用户定位找到目标用户的核心需求，并用关键词将用户的需求进行呈现。

以"手机摄影构图大全"为例，该公众号之所以能获得较大的粉丝量，除了其自身的内容过硬之外，热点关键词的运用也起到了不小的作用。因为其针对核心用户在摄影方面的核心需求，在名称上提炼了"手机摄影"和"手机构图"等关键词，用户只要搜索这些词汇，便可以看到该公众号，如图 4-3 所示。

图 4-3　公众号搜索"手机摄影"和"手机构图"的结果

4.2　引流平台：扩大吸粉的活动范围

现在网络上可以用来获得流量的平台有很多，诸如抖音、快手、哔哩哔哩，而各平台的受众群体不同，活跃度也不同，受关注度也会不一样，因此选择最适合的平台对于运营者来说也是很重要的。

本节笔者将为大家介绍一下网络上的八大流量平台，让大家对这些平台能够有一个最基本的了解，后面还会详细讲解流量平台引流的实战技巧。

4.2.1　抖音引流

对于许多运营者来说，虽然当下可用于营销的平台有很多，但有一个平台一定是不容错过的，那就是抖音短视频平台。只要处理得当，抖音也能成为一个宣传公众号的重要阵地。具体来说，运营者可以通过以下两种方式在抖音上进行公众号宣传。

1. 个人资料设置

抖音个人资料实际上相当于一张名片，如果运营者能够适当地对公众号进行宣传，那么当用户对运营者分享的内容感兴趣时，就会主动关注公众号。具体来说，运营者可以通过以下步骤在个人资料中设置公众号信息。

步骤 01 登录抖音，进入"我"界面，点击"编辑资料"按钮，如图 4-4 所示。

步骤 02 操作完成之后，即可进入编辑资料界面，修改好名字和简介等信息，如图 4-5 所示。设置成功之后，个人资料就变成了公众号的宣传界面。

图 4-4　点击"编辑资料"按钮　　　图 4-5　修改名字和简介

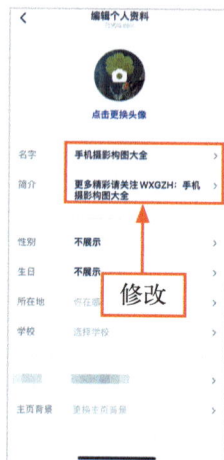

在编辑个人资料的过程中，运营者需要避免出现"微信"和"公众号"等字眼，也不能在头像中放置二维码，否则设置的资料很可能无法通过审核。

2. 发布作品宣传

个人资料虽然能对公众号进行宣传，但是其所取得的效果在很大程度上还来自运营者在抖音上发布的作品。因此，在抖音上给用户分享干货内容，让更多人查看你的资料就显得尤为重要了。另外，在发布的作品中也可以适当地对公众号进行宣传。对此，运营者可以通过以下操作在抖音中发布作品，宣传公众号。

步骤 01 登录抖音，点击默认界面下方的 图标，如图 4-6 所示。

步骤 02 进入拍摄界面，点击"相册"按钮，如图 4-7 所示。

步骤 03 进入"最近项目"界面，选择需要上传的图片，点击"下一步"按钮，如图 4-8 所示。

步骤 04 进入效果预览界面，查看图片效果，点击"下一步"按钮，如图 4-9 所示。

图 4-6　点击相应图标

图 4-7　点击"相册"按钮

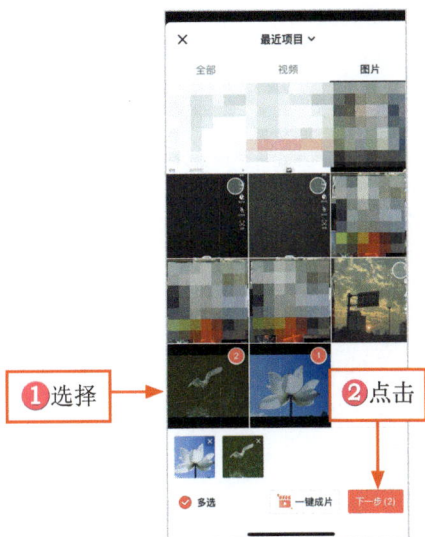

图 4-8　选择需要上传的图片

图 4-9　查看图片效果

步骤 05　进入"发布"界面，输入文字内容，点击"发布图文"按钮，如图 4-10 所示。

步骤 06　执行操作后，返回"我"界面，如图 4-11 所示，即可查看发布的作品。

图 4-10　点击"发布图文"按钮

图 4-11　发布作品

专家提醒

与个人资料不同，以图片形式发布作品时，图片中可以包含"微信"和"公众号"等字眼，也可以放置二维码。运营者可以利用这一点，在图片中融入相关信息，更好地对公众号进行宣传。

4.2.2　快手引流

快手跟抖音类似，是一个比较成熟的短视频平台，拥有巨大的流量池，也是宣传微信公众号不可或缺的平台之一。接下来，笔者将为大家介绍在快手上面进行公众号宣传的方法。

1. 个人资料设置

在快手的账号上发布一些高质量的内容，能够提高感兴趣的用户点进主页的欲望，这时候，主页的资料设置则至关重要。

如果个人资料界面中有关于微信公众号的介绍，用户可能会立马去关注。下面，笔者将为大家介绍在快手中修改个人资料的详细步骤。

步骤01 登录快手，进入"我"界面，点击"完善资料"按钮，如图 4-12 所示。

步骤02 执行操作后，即可进入编辑资料界面，修改昵称和个人介绍等信息，如图 4-13 所示。设置成功之后，个人资料就变成了公众号的宣传界面。

图 4-12　点击"完善资料"按钮

图 4-13　修改昵称和个人介绍

2. 发布作品宣传

运营者可以在快手上面发布一些高质量的作品，在拥有了一定数量的用户之后，适时在作品中宣传一下微信公众号，这样的宣传效果也不会让人反感。下面，笔者将为大家介绍在快手中发布作品来宣传公众号的操作步骤。

步骤 01　登录快手，点击默认界面下方的 ⊕ 图标，如图 4-14 所示。

步骤 02　进入拍摄界面，点击"相册"按钮，如 4-15 所示。

图 4-14　点击相应图标

图 4-15　点击"相册"按钮

步骤 03　执行操作后，选择需要上传的图片，点击"下一步"按钮，如图 4-16 所示。

步骤④ 进入效果预览页面，查看效果，点击"下一步"按钮，如图4-17所示。

图4-16　选择需要上传的图片

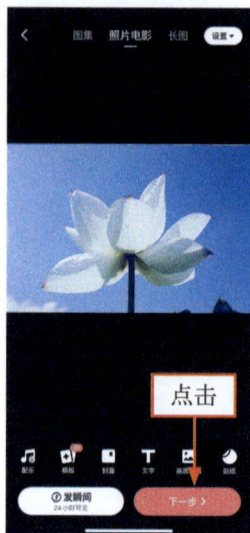

图4-17　预览页面

步骤⑤ 执行操作后，进入发布界面，输入文字内容，点击"发布"按钮，如图4-18所示。

步骤⑥ 发布完成后，返回"我"界面，如图4-19所示，即可查看发布的内容。

图4-18　发布作品

图4-19　查看发布的内容

4.2.3　视频号引流

　　视频号是微信近几年新开发出来的功能，它位于微信最下方的"发现"栏中，在"朋友圈"选项的正下方，进入其页面，即可查看视频号的内容，如图 4-20 所示。由于微信拥有庞大的流量池，所以把握住喜欢视频号的用户非常重要。具体来说，运营者可以通过以下两种方式在视频号上进行公众号宣传。

图 4-20　视频号界面

1.　绑定视频号

　　微信公众号和视频号是可以互相独立的，但是大多数公众号都会绑定视频号。因为，如果用户只关注了微信公众号，而这个公众号并没有绑定视频号，那么用户进入视频号界面中，在"关注"界面是看不到这个公众号发布的视频号内容的。绑定视频号后，可以减少分流。

2.　多多点赞

　　进入视频号界面后，系统默认停留在"朋友"界面。在此，用户可以看到被朋友所点赞的视频内容。因此微信运营者可以多点赞视频号的内容，让自己的微信朋友们看到，如果他们喜欢的话，可能也会进行点赞的操作，那么他们的朋友也会看到这条视频内容，如此"传递"下去，便能够吸引非常多的流量。

4.2.4　哔哩哔哩引流

　　哔哩哔哩简称"B站"，是目前中国年轻一代高度聚集的文化社区和视频网站。2022 年 9 月 8 日，B 站公布了第二季度未经审计的财务报告。财报显示，B站月均活跃量突破 3 亿，日均活跃量达 8350 万。从中可以看出，B 站拥有着极大的流量池，运营者可以通过 B 站来宣传微信公众号。

具体来说，运营者可以通过以下两种方式在 B 站上进行公众号宣传。

1. 个人资料设置

运营者可以在自己 B 站号的简介上设置微信公众号进行宣传，用户在观看了感兴趣的视频之后，就会点击进入其主页，看到此条宣传公众号的信息。

2. 设置置顶评论

置顶的评论极为显眼，能让用户一眼就注意到，特别是在观看量和评论量都比较高的视频中，置顶评论格外突出。运营者可以在自己发布的短视频评论中，发布置顶评论来宣传微信公众号，能够达到不错的宣传效果。

4.2.5　小红书引流

小红书是一个用户分享生活、记录生活和推荐相关体验的平台。进入小红书，你会看到很多以视频或者图文为主要发布形式的笔记，而它们的内容都以分享经验和产品为主，许多有相关需求的用户进入小红书，搜索关键词就可以看到相关的内容。

2022 年小红书商业生态大会公布的数据显示，小红书的月活跃量达到了 2 亿，这个量级算是非常大的，况且小红书还处于发展阶段。下面笔者将介绍两种具体的操作方法，帮助运营者在小红书上宣传微信公众号。

1. 发布笔记

微信公众号运营者可以在发布相关笔记的时候，在图文中宣传微信公众号，除了传统的文字宣传之外，在图片上以二维码的形式宣传更为方便。但是，宣传次数要恰当，不能引起用户的反感。

在发布相关笔记时，最好加上与笔记相关的热门话题标签，感兴趣的用户搜索相关笔记时会通过关键词进行搜索。带上了热门话题的笔记能更容易、更精准地被搜索到，那此条笔记被观看的次数也会提升。

2. 置顶评论

如果不想破坏笔记的内容，也可以选择在评论中宣传公众号，只需将其置顶即可，对这篇笔记感兴趣的用户都会看到这条评论，能达到更有效的宣传效果。

解锁小红书置顶评论，具体条件是：至少有一篇笔记的评论数 ≥ 50 条，或者成为视频号。而且，小红书只能置顶自己笔记里面的评论，不能置顶回复评论。

4.2.6　今日头条引流

"你关心的，才是头条"是今日头条平台的广告语，今日头条平台是张一鸣于

2012 年推出的一款个性化推荐引擎软件，其能够为平台的用户群体提供最有价值的各种信息。

今日头条平台很适合自媒体类的公众号推广。平台庞大的用户量，为微信运营者吸粉、引流提供了强有力的支撑。今日头条平台具有以下 5 个方面的特点。

1. 个性化推荐

今日头条最大的特点是能够通过基于数据分析的推荐引擎技术，将用户的兴趣、特点和位置等多维度的数据挖掘出来，然后针对这些维度进行多元化、个性化的内容推荐，推荐的内容多种多样，包括新闻、音乐、电影等。

举例来说，当用户通过微博、QQ 等社交账号登录今日头条时，今日头条就会通过一定的算法，在短短的时间内解读出他的兴趣爱好、位置、特点等信息。用户每次在平台上进行操作，例如阅读、搜索等，今日头条都会定时更新用户相关信息和特点，从而实现精准的阅读内容推荐。

2. 多种登录方式

用户登录今日头条的方式是多样的，除了手机号、邮箱等方式之外，它还支持其他登录方式，如 QQ、微博等。

3. 分享便捷、互动性强

在今日头条推送的大部分信息下，用户都可以对该信息进行评论，用户之间也可以进行互动。

今日头条平台为用户提供了方便快捷的信息分享功能，用户在看见自己感兴趣的信息之后，只要单击页面上的转发按钮即可将该信息分享、传播到其他平台上，例如新浪微博、微信等。

4. 客户端信息资源共享

今日头条平台为了方便用户的使用，向受众群体推出了 PC 客户端和手机客户端，用户只要登录自己的今日头条账户，那么在该平台上评论或者收藏的信息就可以自动存储起来。而且，只要用户自己不删除，无论是在手机端还是电脑端，登录平台账号之后用户就可以查看到这些信息，完全不用担心这些信息的丢失。

5. 内容涵盖面广

在今日头条平台上，其内容涵盖面非常广，用户能够看见各种类型的内容，以及其他平台上推送的信息。图 4-21 所示为今日头条平台上内容涵盖范围的全部展示图。而且，今日头条平台上新闻内容更新的速度非常及时，用户几分钟就可以刷新一次页面，浏览新信息。

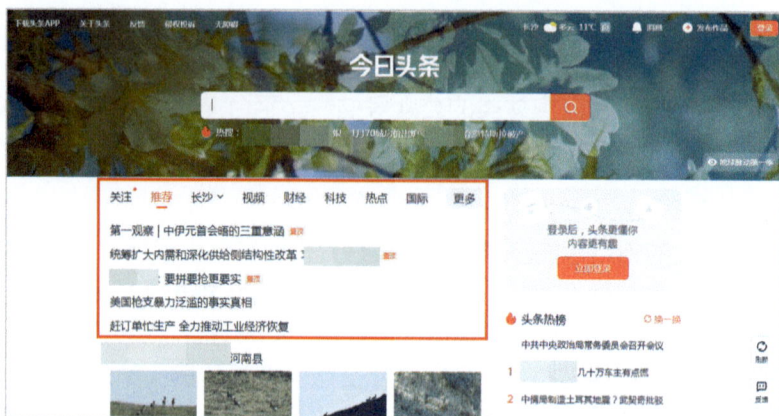

图 4-21　今日头条平台上内容涵盖的范围

4.2.7　微博引流

在新媒体火热发展的当下，微博不仅是一种流行的社交工具，对企业或商家来说，它也是一个重要的引流和营销平台。运营者可以在微博上借助话题找寻用户的同时把他们吸引到微信公众平台上来。那么，运营者是如何在微博上精确找到用户并成功引流的呢？下面介绍几种寻找微博精确用户和引流的方法。

1. 积极参与话题

运营者参与某个话题进行讨论，可以通过微博搜索直接找到参与某个话题讨论的人群，如果发现某些用户经常参与"# 手机摄影 #""# 摄影构图 #""# 美图摄影 #"这样的话题进行讨论，而自身公众号恰好又是经营摄影的，那么运营者就可以通过这样的方法去寻找用户，积极参与此类话题，分享经验和摄影干货，不仅能吸引到相关用户，还会得到很多评论、点赞和转发。

2. 加入微博超话

微博超话是一个人们因为某个共同爱好或者有共同话题而聚集在一起的交流场所，在超话中可以进行聊天等互动。运营者可以在超话中发布质量高的帖子，吸引超话中其他喜爱此相关内容的用户关注自己，此时再进行宣传即可达到很好的效果。

3. 设置个人简介

运营者可以在个人简介中设置微信公众号的信息，如果自己忙于其他事，没有及时看到用户发的消息，用户就可以自行通过主页的简介找到微信公众号。

图 4-22 所示为"手机摄影构图大全"新浪微博的基本信息页面，可以看到，其将微信公众号列出，这便让该公众号在微博中很好地起到了引流作用。

图 4-22　"手机摄影构图大全"新浪微博的基本信息页面

4.2.8　知乎引流

知乎平台是一个社会化问答类型的平台，目前月活跃量上亿。知乎平台的口号是"与世界分享你的知识、经验和见解"。知乎拥有 PC、手机两种客户端。

在知乎这样的问答平台上，运营者可以以提问题和回答问题的方式，利用平台进行推广和引流。而且，问答推广都有特定的推广技巧和方法，具体分为发布文章型、自问自答型和回答问题型。

1. 发布文章型

虽然知乎是一个问答型平台，但并不是发布的内容一定是要回答他人的提问。公众号运营者也可以通过在知乎上发布文章，详细解读某一方面的内容，为特定用户答疑解惑。

图 4-23 所示为公众号"手机摄影构图大全"在知乎上发布的一篇文章，其通过对摄影知识的解读，成功地在知乎上吸引了不少粉丝。

图 4-23　公众号"手机摄影构图大全"在知乎上发布的文章

83

2. 自问自答型

在问答推广和引流中，自问自答型效率最高，以自己提出的问题，自己做出答复的方式来进行。

运营者可以根据公众号所在行业、产品信息和用户的搜索习惯，选取有搜索量的目标关键词，然后去回答平台的提问。

3. 回答问题型

回答问题型比自问自答型难度大，因为需要去选择适合推广公众号产品的问题进行回答，而答案不能太过于突出推广产品的意味，要把握好其中的度。下面介绍几种回答问题型的推广方法。

（1）答案要有质量。回答问题时，一定要有质量，不能胡乱回答。如果提供的答案是靠谱或具有影响力的，极大可能会被设置为最佳答案，可以提升账号的信誉度和账号等级。

（2）控制好回答的量。同一个账号，每天回答的问题最好不要超过 10 个，因为这样容易被封号。

（3）慎留链接。账号级别低时，回答的内容里一定不要放置链接，以防账号被封或链接被屏蔽。账号级别高时，可将链接放置在"参考资料"一栏，且不要多放。

专家提醒

需要注意的是，答案一定不能抄袭或照搬他人的文章，也不能违反知乎社区相关规定，用词要避开敏感词，以免封号。

第5章

粉丝运营——积极进行互动交流

学前提示：

运营者如果想要更好地完善公众号，不仅需要注重内容的发布，同时也要兼顾和粉丝的互动，让公众号"亲民"。同时也要交流，从而提高公众号的用户活跃程度。本章将对粉丝运营方面的操作进行讲解。

要点展示：

➢ 消息管理：增加与粉丝互动机会

➢ 互动功能：提高用户参与积极性

5.1 消息管理：增加与粉丝互动机会

在微信公众号平台的后台，"内容与互动"栏就紧接着"首页"栏的下方而出现。其实，它不仅在位置上有着优势，在后台管理中也占据着非常重要的地位。无论是线上线下，还是前台后台，都与之紧密关联。在这里，运营者可以查看用户的消息，也可以对消息进行全面的设置。因而，熟练运用和掌握公众号的消息管理，绝对是与粉丝进行互动交流的重要技能。

5.1.1 留言管理

对于微信公众号而言，如果用户想要与平台沟通，那么可以在平台留言，而运营者可以通过微信公众号的后台对这些留言进行管理。下面笔者就留言管理的具体操作方法进行介绍。

1. 已发布内容

"已发布内容"是指微信公众号中所有已经发布的内容，运营者可以在这里进行留言的相关设置，具体操作步骤如下。

步骤 01 登录进入微信公众号平台后台首页，单击左侧"内容与互动"栏中的"留言"按钮，进入相应界面，移动光标指针至一条留言的右侧，可以看到在留言的右侧出现了 4 个图标。单击精选图标☆，如图 5-1 所示，即可进行精选操作。

图 5-1 单击精选图标

步骤 02 执行操作后，即可将该留言精选。成功设置用户留言精选之后，在留言的右侧，就有一个★图标，如图 5-2 所示，表示留言已精选。当然，如果不小心点错了想要撤销已加入精选的留言，单击★图标即可。

图 5-2　显示精选图标

专家提醒

　　精选图标☆右侧的 3 个图标分别表示"置顶""回复"和"更多操作",其中"更多操作"包括"标为垃圾留言并隐藏""删除留言"和"加入黑名单"3 个功能,如图 5-3 所示。

图 5-3　图标表示的含义

　　步骤 03　另外,运营者想要查看留言,有时会觉得太多、太繁杂,可以通过该页面留言上方的 3 个选项来进行筛选,还可以通过右上角的搜索框对留言或者用户昵称进行搜索,如图 5-4 所示。

图 5-4　筛选和搜索留言

步骤 ⑭ 除此之外，运营者还可以对所有的留言进行留言设置，单击右侧的"留言设置"按钮，弹出对话框，打开"留言功能"按钮，在此可以设置"谁可以留言"和"谁可以回复留言"，如图 5-5 所示。

图 5-5　进行留言设置

2. 留言设置

为了保护评论区的文明、和谐，除了最基本的留言设置之外，运营者还可以对留言进行筛选，即对骚扰的留言进行屏蔽设置。

在"留言"页面中，单击"留言设置"按钮，单击"屏蔽骚扰留言"右侧的按钮 ⬤ ，如图 5-6 所示。

图 5-6　单击"屏蔽骚扰留言"右侧的按钮

5.1.2　私信管理

在微信公众平台上，除了留言之外，用户与运营者进行最直接沟通的方式就是发私信，像一些投稿活动也是通过私信进行的。下面笔者就私信管理的具体操作方法进行介绍。

1. 近期私信

"近期私信"主要是指最近 30 天的私信，其中包括图片、视频、语音等多媒体消息，对其的相关操作步骤主要如下。

步骤 01 登录进入微信公众号平台后台首页，单击"内容与互动"栏中的"私信"按钮。单击"近期私信"选项卡下的"私信设置"按钮，如图 5-7 所示。

图 5-7 单击"私信设置"按钮

步骤 02 弹出对话框，在此可设置"隐藏关键词私信"和"屏蔽骚扰私信"功能，如图 5-8 所示。

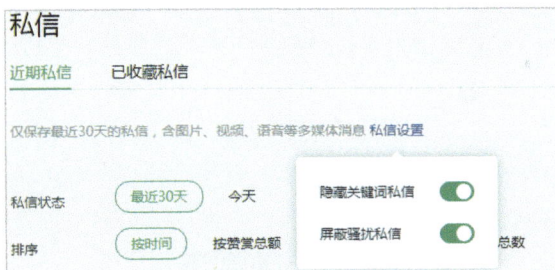

图 5-8 设置相关功能

步骤 03 运营者可以通过该页面私信上方的两个选项来进行筛选，还可以通过右上角的搜索框对私信内容或者用户昵称进行搜索，如图 5-9 所示。

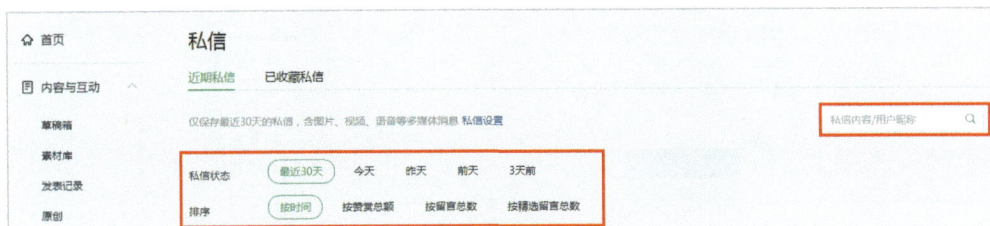

图 5-9 筛选和搜索私信

步骤 04 单击私信最右侧的"快捷回复"按钮，如图 5-10 所示，即可对私信内容进行回复。

图 5-10　单击"快捷回复"按钮

步骤 05 显示消息回复框，输入需要回复的内容，单击"发送"按钮，如图 5-11 所示，即可完成私信回复。

图 5-11　私信回复

步骤 06 单击"快捷回复"按钮右侧的更多操作图标 **...**，如图 5-12 所示。弹出下拉列表，在此可执行"进入聊天""加入黑名单"和"删除聊天"的操作。

图 5-12　单击相应图标

步骤 07 如果想快速找到用户发的私信，运营者可以提前将私信内容进行收藏。如果私信内容是纯文字的话，单击"更多操作"图标 ••• 正下方的"收藏"图标▯即可，如图 5-13 所示。

图 5-13　单击收藏图标

步骤 08 私信被收藏之后，图标会变成绿色。如果私信内容是图片或者视频的话，将光标移动到最右边，会看到 3 个图标，分别表示"收藏""下载""转存到素材库"，如图 5-14 所示。

图 5-14　图标的表示含义

2. 已收藏私信

"已收藏私信"里面是所有被收藏的私信内容，在这里运营者可以对这些被收藏的私信进行处理，具体操作如下。

单击"已收藏私信"按钮，将光标移动到最右侧，可以看到显示的所有图标，如图 5-15 所示，它们各自表示的含义与上一部分相同，这里就不再赘述了。

图 5-15　"已收藏私信"页面

专家提醒

　　私信内容需要及时处理，及时查看用户所反馈的信息，如果回复时间过久，则会造成客户流失。尽量当天的私信当天处理，使客户得到最及时高效的服务，这也是粉丝运营的关键组成部分。

5.2　互动功能：提高用户参与积极性

对于微信公众号而言，与用户进行互动交流能够提高用户的参与积极性。运营者可以通过一些操作来增加与用户交流的机会，如设置"自动回复""自定义菜单"等。

5.2.1　自动回复

在"内容与互动"栏中，自动回复的设置包括 3 类，即"关键词回复""收到消息回复"和"被关注回复"，它们都是对用户发送给公众号的内容进行回复，所以回复的内容和时间点尤为重要，而且不能回复与公众号无关的内容。下面笔者将对其具体的操作进行介绍。

1. 关键词回复

所谓"关键词回复"，指的是用户发送的信息中出现了平台设置的关键词，平台就会触发"关键词回复"功能，把预先设置的信息内容发送给对方。图 5-16 所示为"手机摄影构图大全"公众号的"关键词回复"结果显示页面，用户发送的"电子书"是公众号后台设置好的关键词，所以公众号会自动将"电子书"所对应的回答进行回复。

图 5-16　"关键词回复"结果显示页面

"关键词回复"的设置对公众号非常关键，操作起来也很简单，接下来笔者就对相关操作进行具体解读。

步骤 01 登录进入微信公众号平台后台首页，单击"内容与互动"栏中的"自动回复"按钮，进入"关键词回复"页面，可以看到有"关键词回复""收到消息回复"和"被关注回复"3 个选项。在"关键词回复"页面下单击"查看详情"按钮，如图 5-17 所示。

图 5-17　单击"查看详情"按钮

步骤02 弹出"提示"对话框，可以看到开启"自动回复"选项，如图5-18所示。

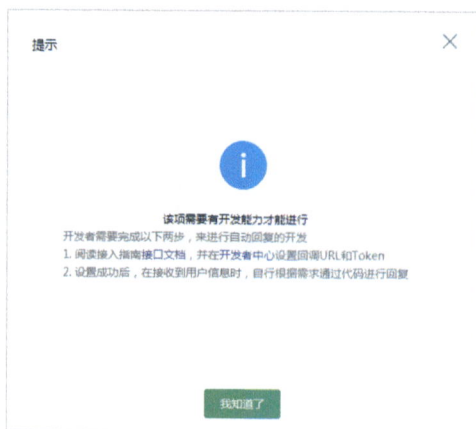

图5-18 "提示"对话框

步骤03 完成所有步骤之后，即可开启"自动回复"选项，此时运营者可查看关键词的相关设置情况，如图5-19所示。

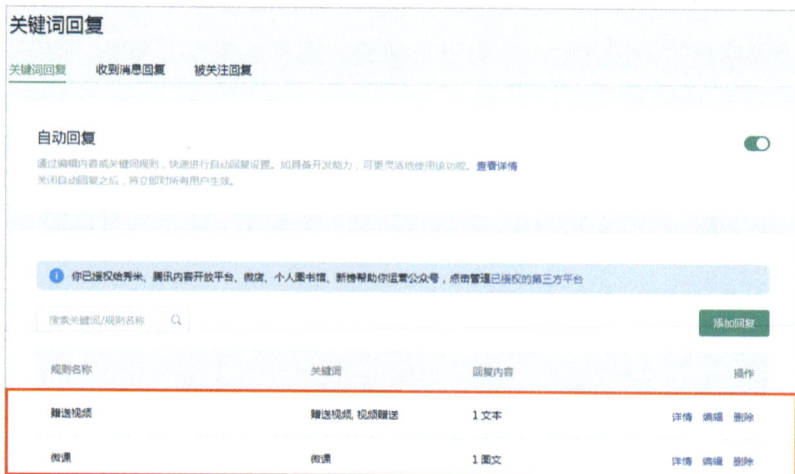

图5-19 查看关键词的相关设置情况

步骤04 在"自动回复"按钮的正下方，有一个搜索框，运营者可以在这里搜索关键词或者规则名称，如果运营者想要增加新的关键词或者规则，就需要新建回复，单击"添加回复"按钮，如图5-20所示。

步骤05 执行操作后，进入"添加回复"页面，输入规则名称，设置关键词，单击"回复内容"栏中的"文字"按钮，如图5-21所示。

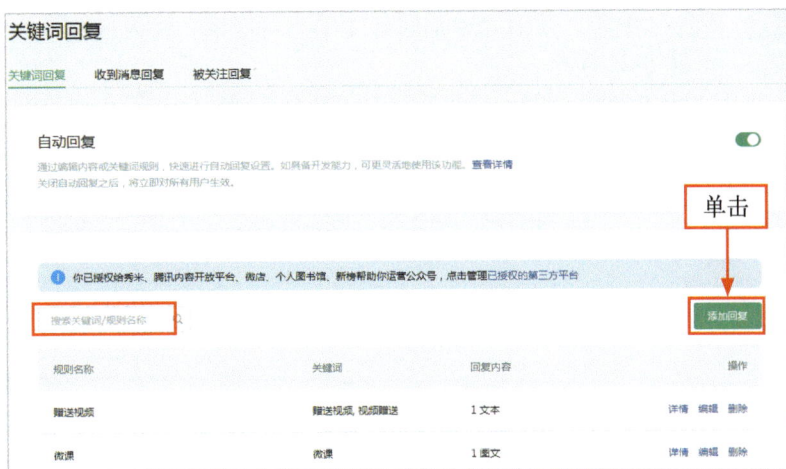

图 5-20　单击"添加回复"按钮

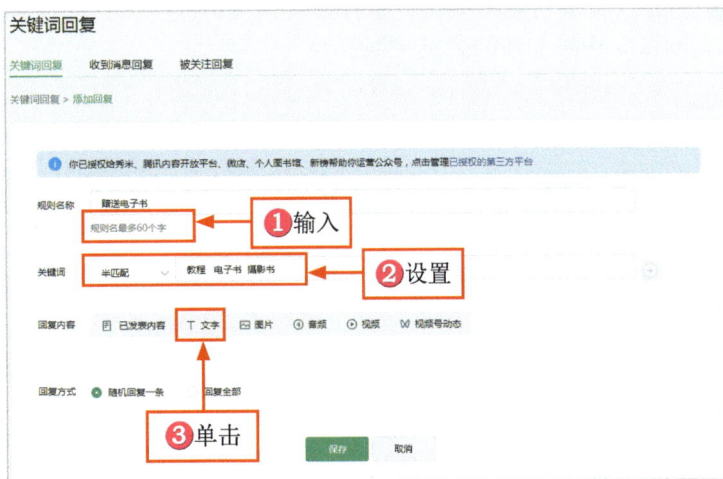

图 5-21　添加回复设置

专家提醒

全匹配：就是用户输入的内容必须要和运营者设置的关键词一模一样，字数、符号以及顺序都必须一模一样，这样发送出去才能触发消息回复。

半匹配：是指用户输入的内容中只要包含了运营者设置的关键词就能触发消息回复，但是不能错字、少字，而且顺序不能变。

步骤 06 执行操作后，弹出"添加回复文字"对话框，输入回复的内容，单击"确定"按钮，如图5-22所示。

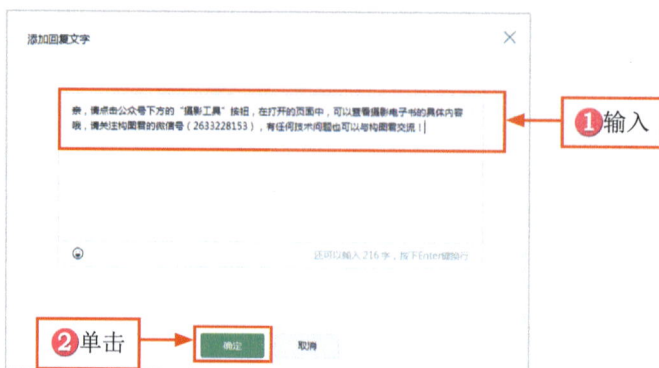

图5-22 添加回复文字

步骤 07 返回"添加回复"页面，选择一种回复方式，单击"保存"按钮，如图5-23所示，即可成功添加新的关键词回复。

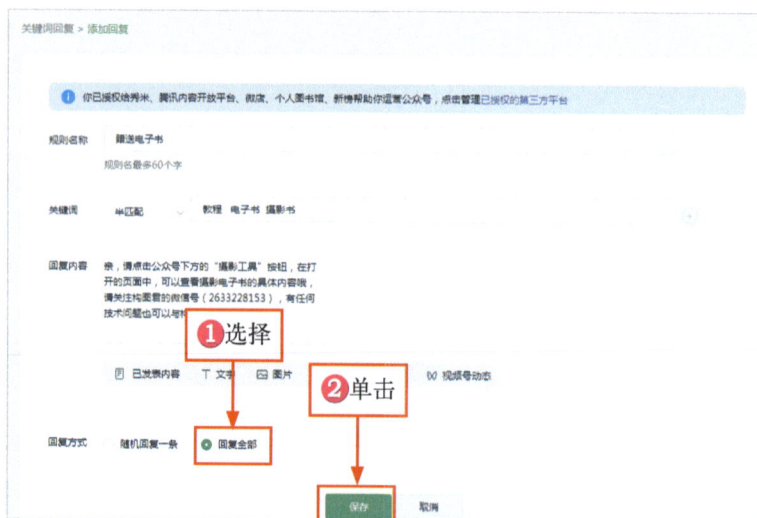

图5-23 成功添加关键词回复

2. 收到消息回复

为了让用户能感受到重视，除了收到关键词自动回复之外，运营者还可以设置"收到消息回复"，让用户的消息不被忽视，具体操作如下。

单击"收到消息回复"按钮，进入"收到消息回复"页面。在"文字"选项下输入回复的文字内容，单击"保存"按钮，如图5-24所示，即可成功设置"收到消息回复"功能。

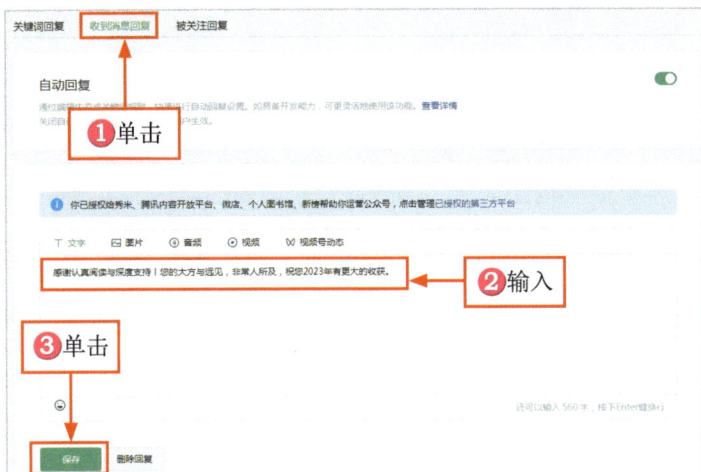

图 5-24 设置"收到消息回复"功能

3. 被关注回复

"自动回复"的形式还有一种，就是"被关注回复"，它是在用户关注了公众号之后自动回复的内容。由于是刚关注，用户可能不了解具体的操作方法，此时运营者设置的回复内容就应该为用户解答这些疑惑。设置"被关注回复"消息的具体操作如下。

单击"被关注回复"按钮，进入"被关注回复"页面。在"文字"选项下输入回复的文字内容，单击"保存"按钮，如图 5-25 所示，即可成功设置"被关注回复"功能。

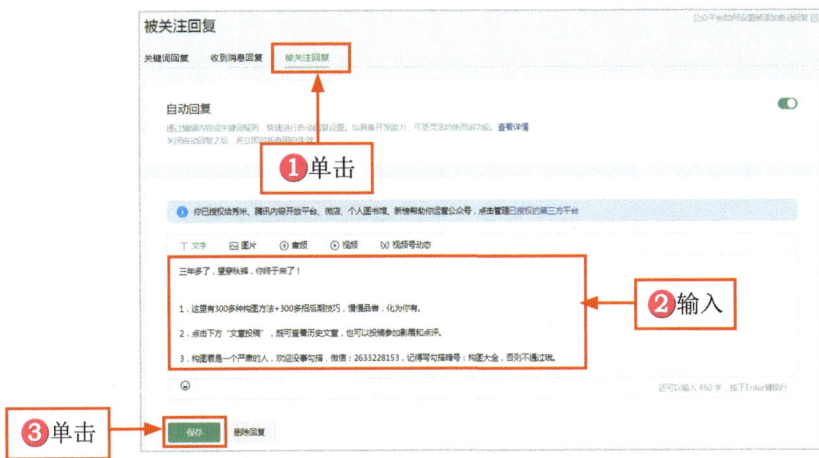

图 5-25 设置"被关注回复"功能

5.2.2　自定义菜单

如果企业或者个人要进行微信公众平台的运营，那么了解一些公众号栏目设置相关的知识是非常有必要的。

而自定义菜单管理是公众号进行栏目设置的一个重要方面，是微信公众号订阅者在点开或者关注某一个微信公众号之后，首先出现在页面最下方的几个栏目。图 5-26 所示为"手机摄影构图大全"微信公众号设置的自定义菜单栏目。

图 5-26　"手机摄影构图大全"微信公众号设置的自定义菜单栏目

专家提醒

微信公众号的自定义菜单栏是由微信公众平台的运营者自己设置的，因而并不是所有公众号都有菜单栏。且微信公众平台规定，一个公众号可以添加 3 个一级菜单，而一个一级菜单下最多可以添加 5 个子菜单。

下面介绍设置"自定义菜单"的操作流程，具体内容如下。

步骤 01　登录进入微信公众号平台后台首页，单击"内容与互动"栏中的"自定义菜单"按钮，进入"自定义菜单"页面。左侧会显示菜单在手机上面的分布预览图，单击其中一个一级菜单，就会显示出它的子菜单；在页面右侧的"菜单名称"栏中，输入自己想要设置的名称，如图 5-27 所示，即可更改一级菜单的名字。

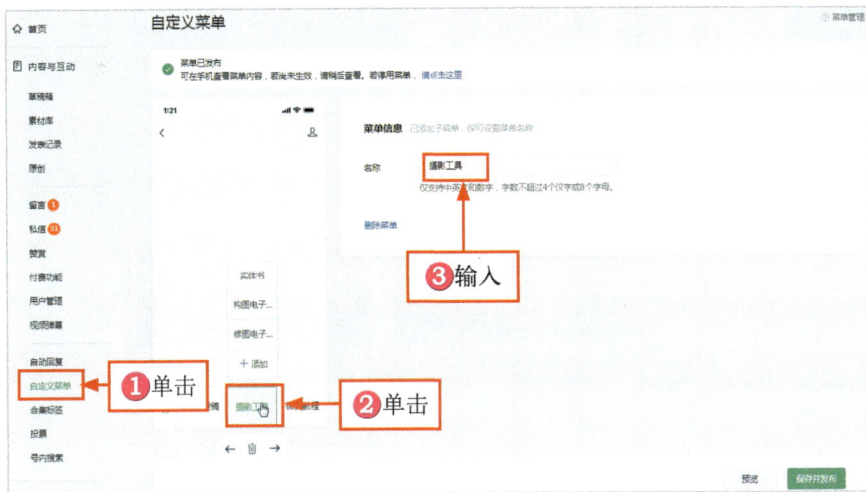

图 5-27　输入菜单名称

专家提醒

　　一级菜单名称设置成功之后，运营者可以进行子菜单内容的设置。在子菜单内容设置中，有"发送消息""跳转网页"和"跳转小程序"3 个选项，运营者可以根据自己的需求进行选择。

步骤 02　单击其中的一个子菜单按钮，在右侧的"子菜单名称"栏中输入新的子菜单名称，选中"发送消息"单选按钮，单击"图文消息"按钮，如图 5-28 所示。

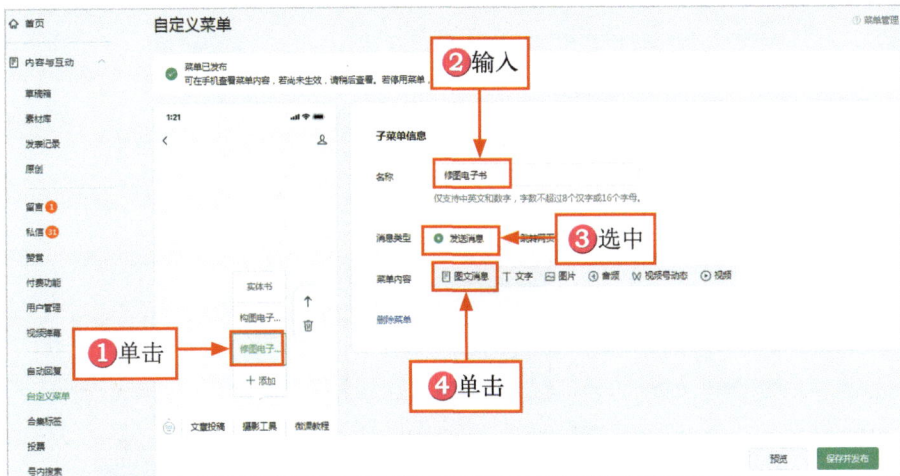

图 5-28　子菜单内容设置

步骤 03 执行操作后，弹出"选择已有图文"对话框，选择需要的图文信息，单击"确定"按钮，如图 5-29 所示。

图 5-29　选择图文信息

步骤 04 执行上述操作后，返回"发送消息"选项设置页面，可以看到刚选择的图文内容已成功显示出来。单击"保存并发布"按钮，如图 5-30 所示，即可完成子菜单内容的设置。

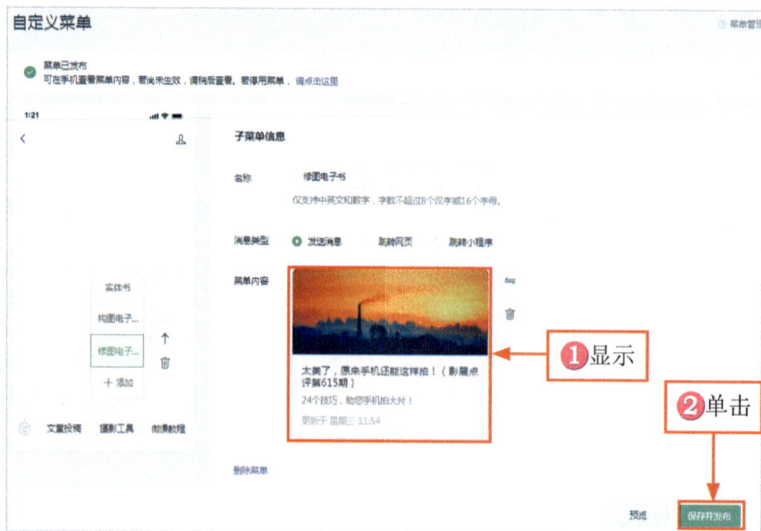

图 5-30　子菜单内容的设置完成

第6章

注册审核——快速拥有自己的小程序

学前提示：

微信小程序在正式上线之前，需要经过账号注册、模板制作和内容审核等多个步骤，只有通过审核之后，才能供用户使用。

在这个过程中，有一系列需要注意的地方，本章将向大家介绍小程序从注册到发布的相关操作流程及其注意事项。

要点展示：

➤ 注册账号：完善小程序基本信息

➤ 发布技巧：提高审核效率的多种方式

6.1 注册账号：完善小程序基本信息

与微信公众号相同，微信小程序的注册也是在微信公众号的后台完成的。微信小程序的注册过程非常简单，运营者只需要几步，便可快速拥有属于自己的微信小程序账号。

6.1.1 注册入口

要想开发微信小程序，用小程序进行营销，就要先注册微信小程序。当然，在注册微信小程序之前，运营者首先得找到注册的入口。

总的来说，微信小程序的注册入口主要有两种，下面分别进行具体的说明。

1. 微信公众平台官网首页

对于没有注册公众号的运营者，可以直接在微信公众平台官网首页进行小程序的注册，具体操作如下。

步骤 01 在搜索引擎中输入"微信公众平台"并搜索，进入微信公众平台官网的首页，单击该页面右上角的"立即注册"按钮，如图 6-1 所示。

图 6-1 微信公众平台官网首页

步骤 02 执行上述操作后，进入"注册"页面，单击该页面中的"小程序"图标，如图 6-2 所示。

步骤 03 完成上述操作后，进入"小程序注册"页面，输入相关信息，单击"注册"按钮，如图 6-3 所示。

图6-2　"注册"页面

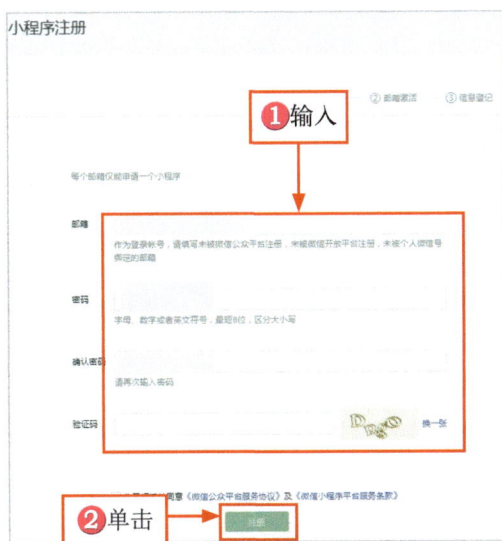

图6-3　"小程序注册"页面

2. 微信公众平台后台

除了在微信公众平台官网首页注册之外，运营者还可以在微信公众平台的后台进行注册，具体步骤如下。

步骤 01 进入微信公众平台后台，单击左侧的"广告与服务"按钮，在展开的列表中单击"小程序管理"按钮，进入"小程序管理"页面，单击"添加"按钮，如图 6-4 所示。

图 6-4 "小程序管理"页面

步骤 02 弹出"添加小程序"对话框，单击"快速注册并认证小程序"选项，如图 6-5 所示。

图 6-5 "添加小程序"对话框

步骤 03 弹出"快速创建小程序说明"对话框，勾选"我已明白快速创建小程序的流程，现在开始进行创建"复选框，单击"快速创建"按钮，即可进行小程序的注册，如图 6-6 所示。

　　运营者需要结合自身实际情况选择注册入口。有公众号的运营者，选择在微信公众平台后台注册小程序，可以省去一些填写资料的步骤，相对来说操作更方便。而没有公众号的运营者，则只能在微信公众平台官网首页注册小程序。

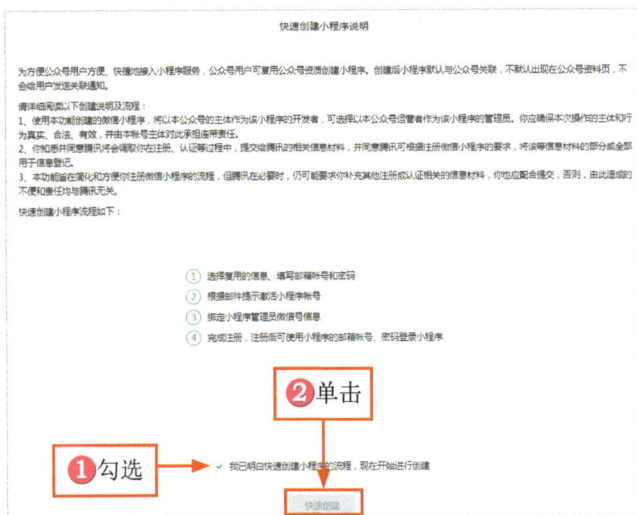

图 6-6　"快速创建小程序说明"对话框

6.1.2　注册步骤

虽然微信小程序的注册流程非常简单，但是，运营者要想更快地获取小程序，进入微信小程序电商平台的运营，还必须先熟悉注册的流程。

微信小程序的注册流程与注册入口的选择有一定的关系，不同注册入口的注册流程也不尽相同。

前面提到微信小程序有两个注册入口，本小节将选择微信公众平台后台入口，对微信小程序的注册步骤进行具体说明。

步骤 01　在"快速创建小程序说明"对话框中，单击"快速创建"按钮，进入"快速创建小程序"页面，需要用公众号管理员的微信扫码验证，如图 6-7 所示。

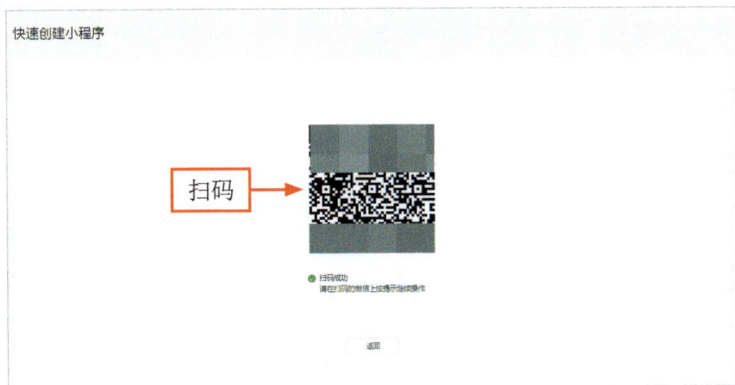

图 6-7　扫码验证

步骤 02 扫码完成后，进入"选择复用资质"页面，运营者需要仔细检查相关内容，勾选相关复选框，单击页面下方的"下一步"按钮，如图6-8所示。

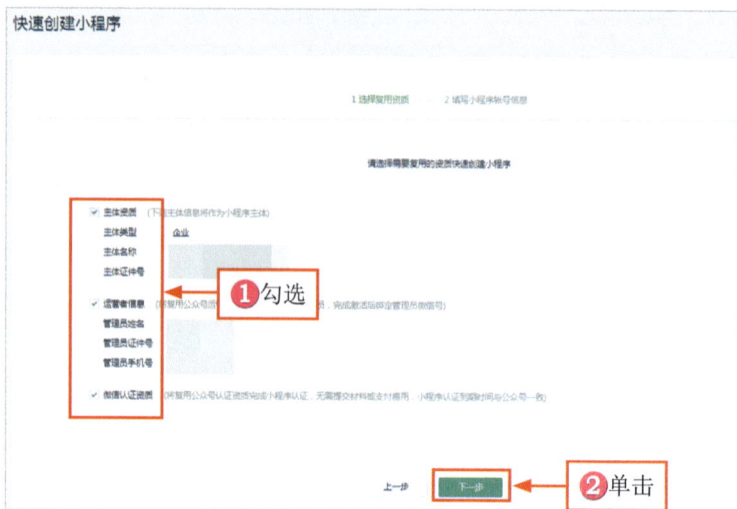

图6-8 "选择复用资质"页面

步骤 03 执行上述操作后，进入"填写小程序账号信息"页面，运营者要在该页面中输入邮箱、密码和验证码，勾选"你已阅读并同意《微信公众平台服务协议》及《微信小程序平台服务条款》"复选框，单击"提交"按钮，如图6-9所示。

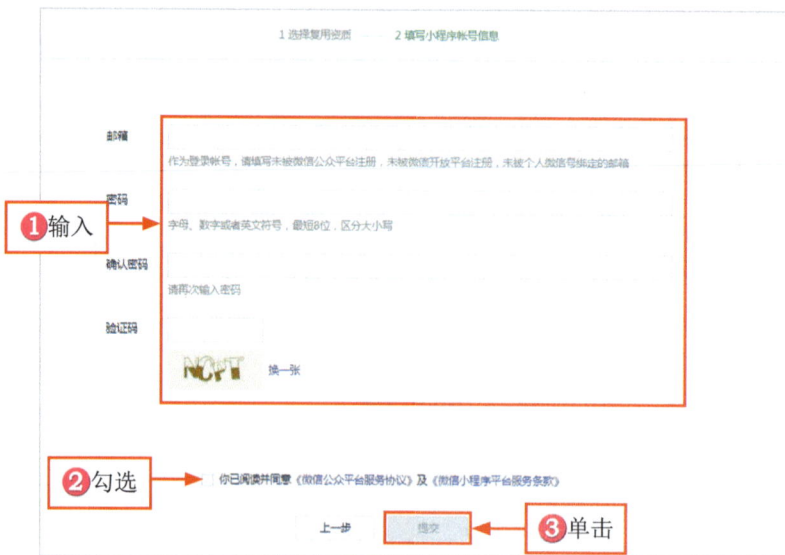

图6-9 "填写小程序账号信息"页面

步骤 04　完成上述操作后，进入"激活公众平台账号"页面，单击该页面中的"前往邮箱"按钮，如图 6-10 所示。

图 6-10　"激活公众平台账号"页面

步骤 05　登录邮箱之后，找到如图 6-11 所示的"请激活你的微信小程序"邮件，然后单击邮件中的绿色链接。

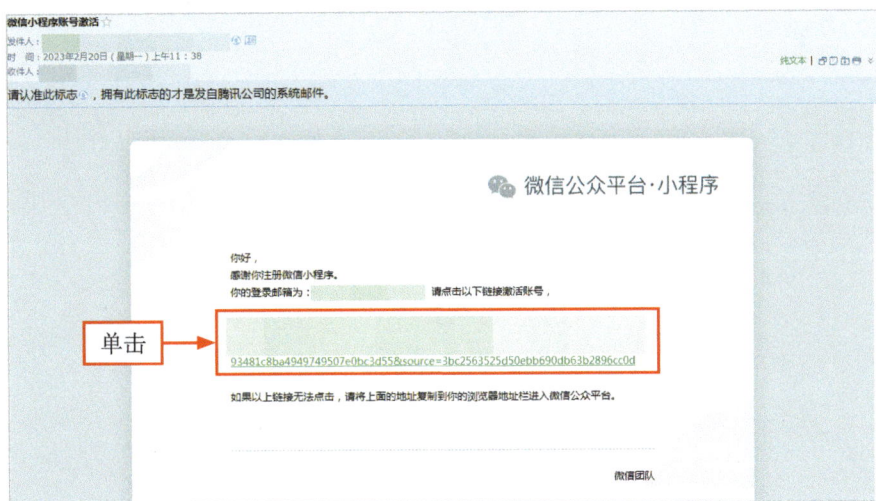

图 6-11　单击链接

步骤 06　单击邮箱中的链接之后，进入"绑定小程序管理员"页面，运营者需要在该页面输入管理员姓名、管理员身份证、管理员手机、短信验证码，并通过扫码验证身份，单击"下一步"按钮，如图 6-12 所示。

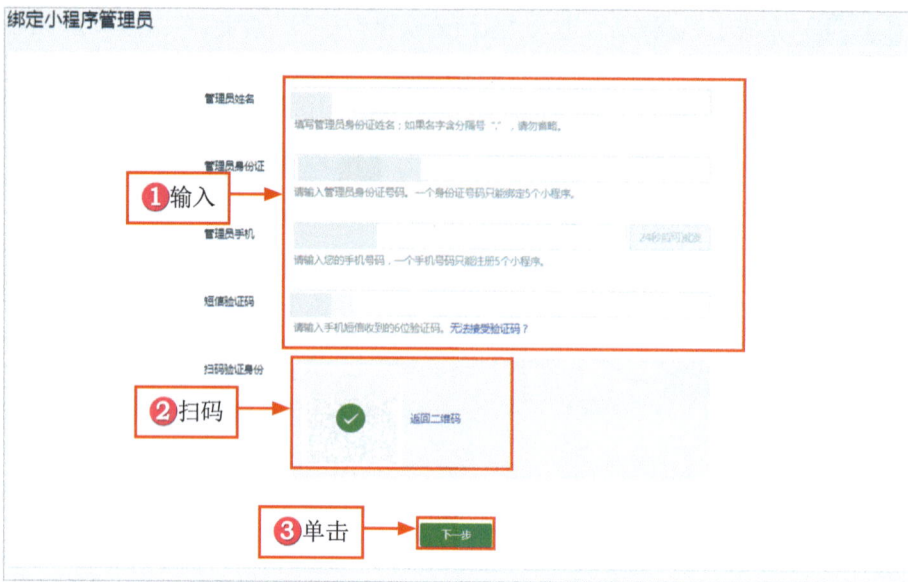

图 6-12　"绑定小程序管理员"页面

步骤 07　扫码后，页面发生跳转，显示"小程序已完成注册并认证"，单击"前往首页"按钮，如图 6-13 所示。

图 6-13　小程序已完成注册并认证

步骤 08　进入"小程序发布流程"页面，即可对小程序进行信息编辑，如图 6-14 所示。

图6-14　"小程序发布流程"页面

1. 给小程序起一个响亮名称

由图6-14可以看出，小程序注册完成之后是未命名的，所以运营者还需对小程序的名称等信息进行完善，具体的步骤如下。

步骤 01 从微信公众平台登录小程序，进入"小程序发布流程"页面，单击"小程序信息"右侧的"前往填写"按钮，如图6-15所示。

图6-15　单击"前往填写"按钮

步骤 02 执行上述操作后，页面跳转至"填写小程序信息"页面。在该页面的"小程序名称"文本框中根据需求输入名称，名称输入完成后，如果显示"你的名字可以使用"字样，就说明该名称可以作为小程序的名称，如图6-16所示。

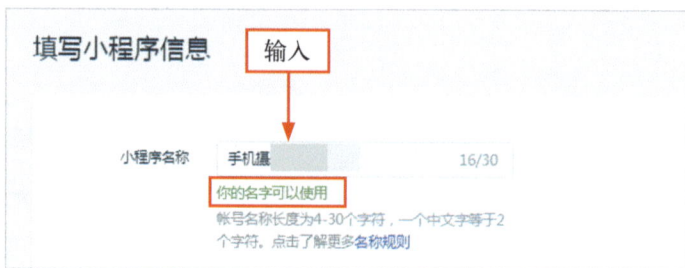

图6-16 检测小程序名称

运营者在输入小程序名称时，需要注意以下3点。

- 小程序的名称中可以出现汉字、英文字母、数字以及＋号，但是长度需在4～30个字符之间。需要注意的是，一个汉字占2个字符。
- 小程序的名称必须是一个新的、未在公众平台注册过的名称。
- 小程序发布之前可以改名两次，但是如果完成发布，则不再支持修改名称了。因此，运营者在填写小程序名称时需要特别慎重。

2. 为小程序设置专属头像

头像是小程序的门面，用户看一个小程序，首先看到的除了名字，就是头像。所以，它的设置对小程序的推广运营至关重要。

小程序头像的设置和小程序名称的填写相同，都是在"填写小程序信息"页面，运营者只需在该页面找到"小程序头像"，并选择合适的图片，如图6-17所示。

图6-17 小程序头像的设置

运营者在设置小程序头像时，需要注意以下4点。

- 内容。运营者可以自主选择小程序的头像，但是头像中不得涉及政治敏感因素和色情内容。

- 格式。小程序的头像有一定的格式要求，可用作头像的图片格式有 5 种，即 png、bmp、jpeg、jpg 和 gif。
- 大小。用作小程序头像的图片应小于或等于 2MB，大于该数值的图片无法设置为头像。
- 修改。运营者可根据自身需求对小程序的头像进行修改，但是每个月只能修改 5 次。

3. 做好小程序的自我介绍

如果将小程序比作一件商品，那么，小程序的介绍信息就相当于为该商品打的广告。一个好的介绍信息往往更能吸引用户使用小程序。图 6-18 所示为"手机摄影构图大全"微信小程序中"小程序介绍"相关内容的截图。

运营者在填写微信小程序的介绍信息时需要注意以下 3 点。

(1)内容。运营者可以自主填写小程序的介绍信息，前提是不能包含国家相关法律法规禁止的内容。

(2)字数。小程序的介绍信息字数需介于 4 至 120 个字之间。

(3)修改。和小程序头像相同，小程序介绍信息每个月可以修改 5 次。

图 6-18 "小程序介绍"相关内容的截图

4. 进行小程序的服务定位

除了名称、头像和介绍之外，运营者还需要选择小程序的服务类目。

返回"小程序发布流程"页面，单击"小程序类目"右侧的"前往设置"按钮，即可对服务类目进行选择，如图 6-19 所示。

微信小程序为运营者提供了包括"医疗服务""政务民生"和"体育"等在内的多个服务类目，具体如图 6-20 所示。

每个类目又进行了细分，运营者只需根据需求选择服务范围即可。另外，需要特别注意的是，每个小程序可以添加的服务范围个数小于等于 5 个。

在"添加类目"对话框中，选择资质类型并上传资质文件，单击"确定"按钮，即可完成类目添加，如图 6-21 所示。

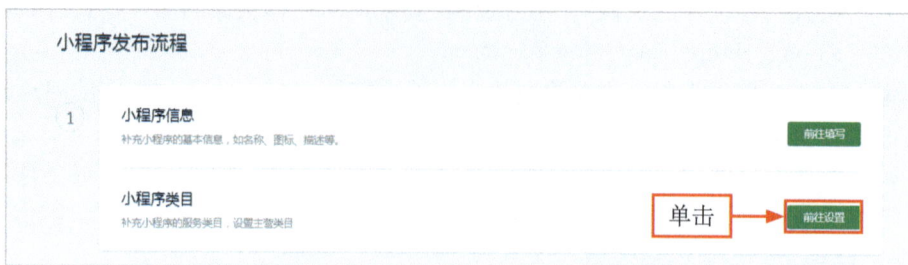

图 6-19　单击"前往设置"按钮

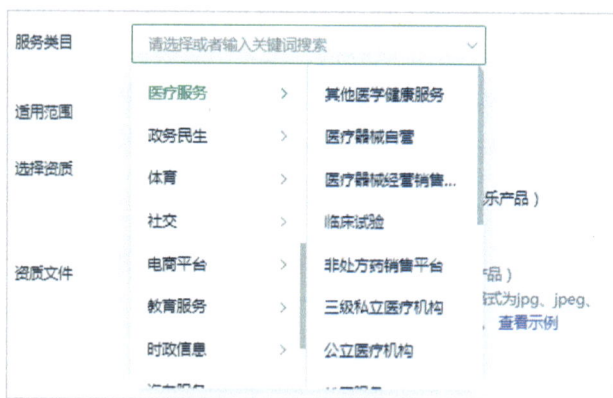

图 6-20　服务类目

图 6-21　"添加类目"对话框

6.2　发布技巧：提高审核效率的多种方式

一款小程序要想上线为用户提供服务，就必须先发布，而小程序的发布又必须经过审核。这样看来，小程序的发布似乎很麻烦。其实，凡事都是有方法可循的，运营者只要掌握了技巧，发布小程序就会变得非常简单。

6.2.1　打包检查

小程序要想上线就必须在微信公众平台发布，而在发布之前必须要经过审核。所以，在审核之前，运营者需要了解审核的内容，并判断待审核项目的内容是否符合要求。微信小程序审核内容主要可分为以下 3 类。

1. 基本内容

在微信小程序的审核过程中，小程序的 Logo、名称和介绍信息是重点审核的内容。具体来说，审核标准主要是小程序 Logo 应选用清晰的图片、名称应与服务内容一致、介绍信息需表述明确。

2. 功能展示

因为微信小程序的理念是随时可用、用完即走，所以对小程序的功能有比较严格的要求。运营者需将小程序的功能服务展示出来，让用户可以快速找到并直接使用。除此之外，小程序不能包含推荐其他小程序、小程序排行等功能。

3. 内容呈现

微信对小程序提供的内容有一定的要求，如游戏、赌博、与微信功能相似的内容会受到限制。另外，禁止在小程序中诱导关注和分享，更不能使用虚假信息，否则，小程序很可能会因为违规而被迫下线。

在了解了微信小程序的重点审核内容之后，运营者接下来要做的就是检查需要审核的项目（即小程序相关内容）。如果运营者是用第三方平台编辑小程序页面，那么，就可以使用预览功能检查小程序的内容。

以"即速应用"平台为例，运营者登录该平台，并进入管理页面，便可以看到曾经编辑过的小程序，单击某个小程序下方的"编辑""管理""预览"等按钮，便可进行相关操作，如图 6-22 所示。

如果运营者单击"预览"按钮，则页面将跳转至预览页面，如图 6-23 所示。在该页面中，运营者可单击左侧的菜单栏查看各页面的内容。除此之外，还可以用微信扫描右侧的二维码，在手机上预览效果。

图 6-22　管理页面

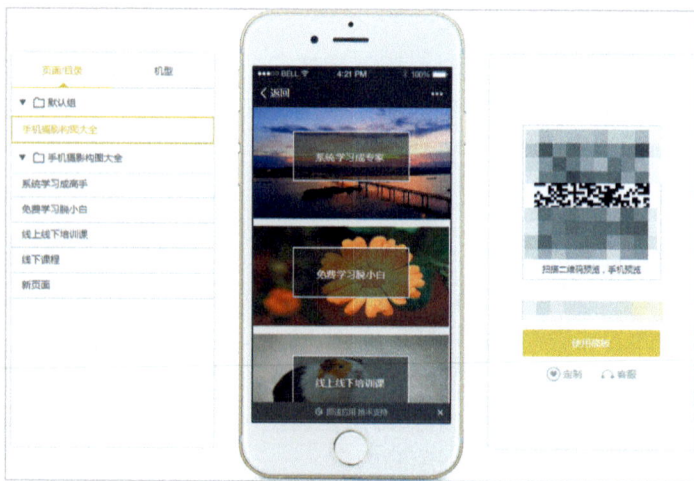

图 6-23　预览页面

项目检查完成之后，运营者需要通过开发者工具将 release 版本的代码上传到小程序公众平台的后台（release 版本是指已经进行过优化、可直接用于发布的版本）。

如果运营者是在第三方平台编辑的小程序，那么上传小程序代码时还需要经过生成、打包等步骤。下面我们以在"即速应用"平台编辑小程序为例，对打包小程序代码进行详细的解读。

步骤 01 登录"即速应用"平台，并在管理页面需要上传代码的小程序的对应位置单击"编辑"按钮，将跳转至编辑页面，单击页面右上方的"发布"按钮，如图6-24所示。

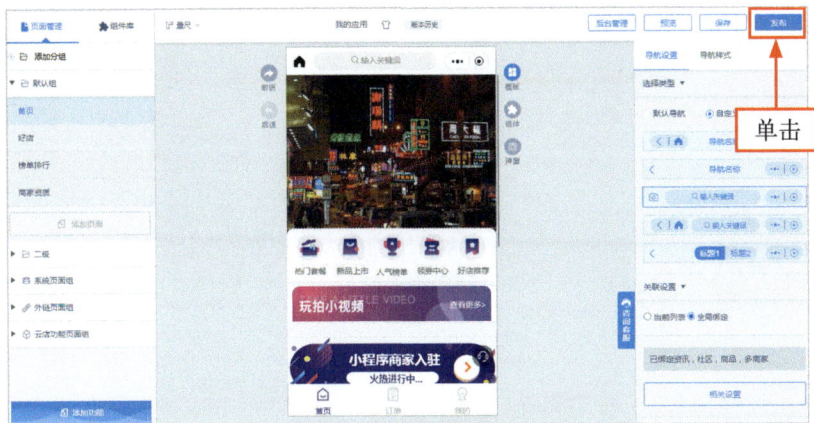

图6-24 编辑页面

步骤 02 执行上述操作后，进入"基础设置"页面，在该页面检查小程序名称、介绍信息、小程序Logo，单击下方的"发布"按钮，如图6-25所示。

图6-25 "基础设置"页面

步骤 03 执行上述操作后，根据需要购买第三方平台相应的套餐，对小程序进行打包，单击"点击下载"按钮，并将小程序打包至电脑中，即可完成操作，如图 6-26 所示。

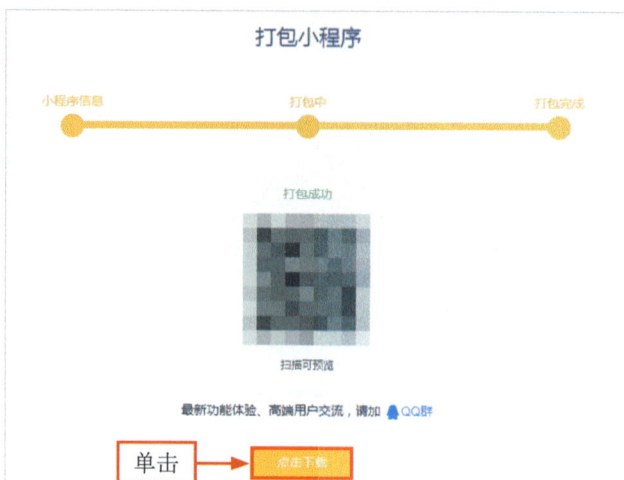

图 6-26　"打包成功"页面

6.2.2　内容上传

在上传审核项目之前，首先需要下载微信小程序开发工具。

1. 开发工具

在上传审核项目之前，首先需要下载微信小程序开发工具，具体步骤如下。

步骤 01　进入"小程序"页面，单击"文档"按钮，如图 6-27 所示。

图 6-27　单击"文档"按钮

步骤 02　跳转至新的"微信官方文档·小程序"页面，单击"开发"下的"工具"按钮，单击"微信开发者工具"超链接，如图 6-28 所示。

图6-28 单击"微信开发者工具"超链接

步骤03 跳转至新的页面，该页面为开发小程序提供了多个开发工具的版本，运营者只需根据电脑系统进行选择即可，如图6-29所示。

图6-29 "工具"页面

2. 审核内容

下载并安装开发工具之后，便可以上传审核内容了，相关操作如下。

步骤01 打开开发工具，扫码登录，进入"小程序"页面，单击■按钮，如

图 6-30 所示。

步骤02 进入"创建小程序"页面，输入项目名称和小程序 ID，项目名称即小程序名称，小程序 ID 在小程序公众平台可以找到。选择项目目录，项目目录需要从第三方平台打包的小程序的解压文件夹中选择，单击"确定"按钮，如图 6-31 所示。

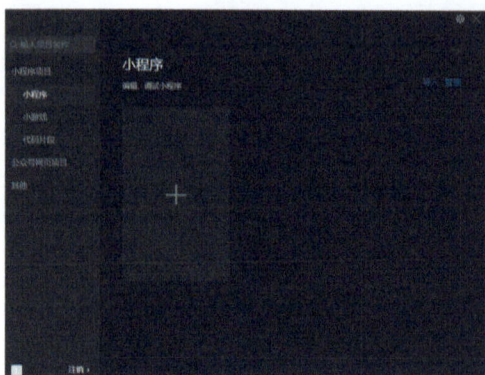

图 6-30 "小程序"页面

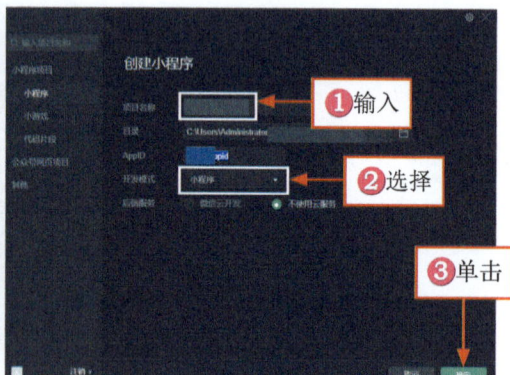

图 6-31 "创建小程序"页面

步骤03 登录开发工具，进入"项目"页面，在该页面中检查小程序的相关信息，确认无误之后，单击"上传"按钮，如图 6-32 所示。

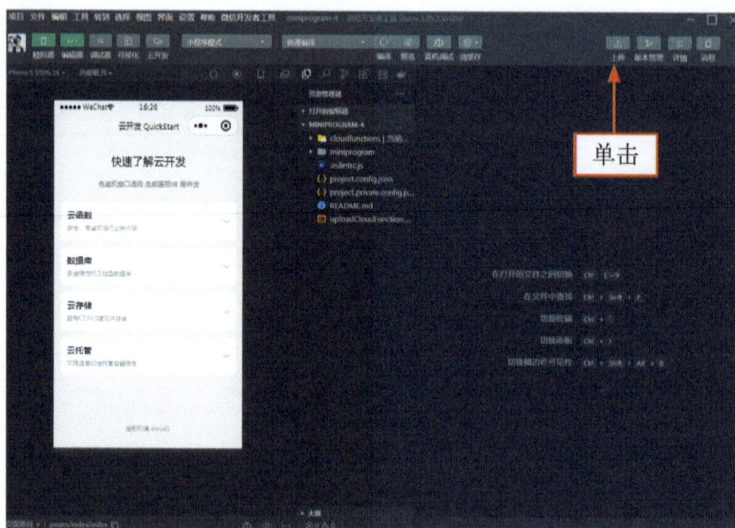

图 6-32 单击"上传"按钮

步骤04 出现"提示"对话框，单击下方的"确定"按钮，如图 6-33 所示。

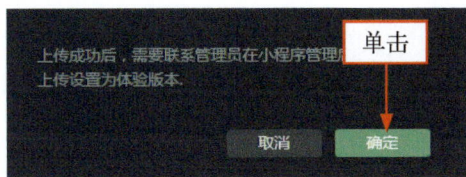

图 6-33　"提示"对话框

步骤 05 进入新的页面，输入版本号、项目备注，单击下方的"上传"按钮，如图 6-34 所示。

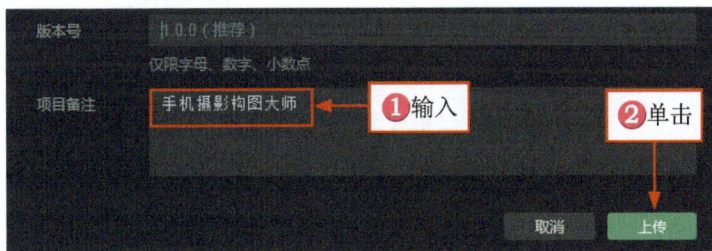

图 6-34　"上传确认"页面

步骤 06 执行该操作后，当前小程序代码将被上传至小程序公众平台。

6.2.3　提交代码

代码上传完成后，运营者便可以进入微信公众平台，进行小程序代码的提交了。具体来说，代码审核提交的步骤如下。

步骤 01 登录小程序微信公众平台，找到"开发管理"页面的"开发版本"板块，认真查看相关内容，确认无误后，单击"提交审核"按钮，如图 6-35 所示。

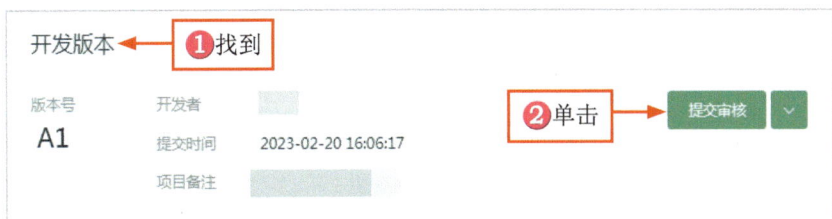

图 6-35　单击"提交审核"按钮

步骤 02 执行上述操作后，进入"提交审核的相关须知"页面，阅读相关信息。确认要提交审核，勾选"已阅读并了解平台审核规则"复选框，单击"下一步"按钮，如图 6-36 所示。

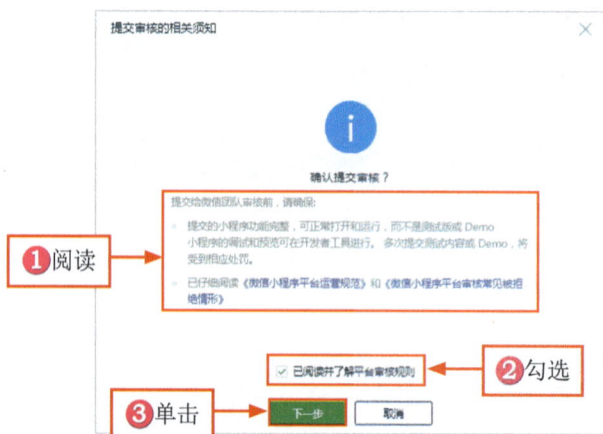

图 6-36 "提交审核的相关须知"页面

步骤 03 进入"提交审核"页面，输入功能页面、标题、所在服务类目、标签等信息，其中功能页面、标题和服务类目可以根据小程序的实际情况和自身需求填写，而标签则需要结合小程序的服务内容，选择一些具有代表性且有利于搜索的词汇。输入相关信息后，单击下方的"提交审核"按钮，如图 6-37 所示。

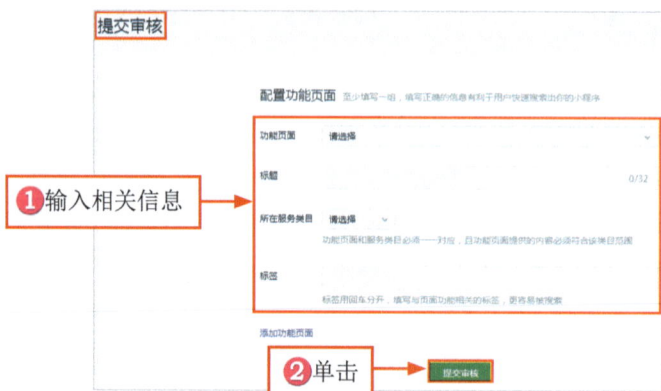

图 6-37 "提交审核"页面

单击图 6-35 中"提交审核"按钮右侧的 ▼ 按钮，将弹出"选为体验版本"和"删除"选项。如果运营者不需要立即审核，可将该版本选为体验版本。如果对当前版本不满意，可单击"删除"按钮将其删除。

6.2.4 等待结果

输入完"配置功能页面"的信息，并单击下方的"提交审核"按钮之后，微信将对运营者提交的代码进行审核，在此过程中，运营者需要做的就是等待代码的审核结果。

当然，在等待结果的过程中，运营者也可以进入小程序公众平台的"开发管理"页面查看"审核版本"的相关内容。如果显示为"审核中"，则表示审核已经提交，如图 6-38 所示。

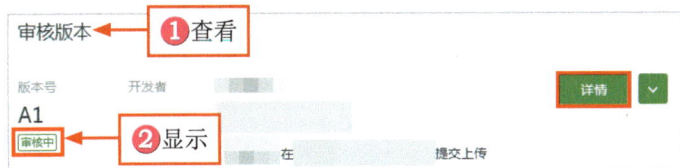

图 6-38 查看"审核版本"的相关内容

运营者可以单击"审核版本"中的"详情"按钮，进入"版本详情"页面，查看版本的相关信息，如图 6-39 所示。

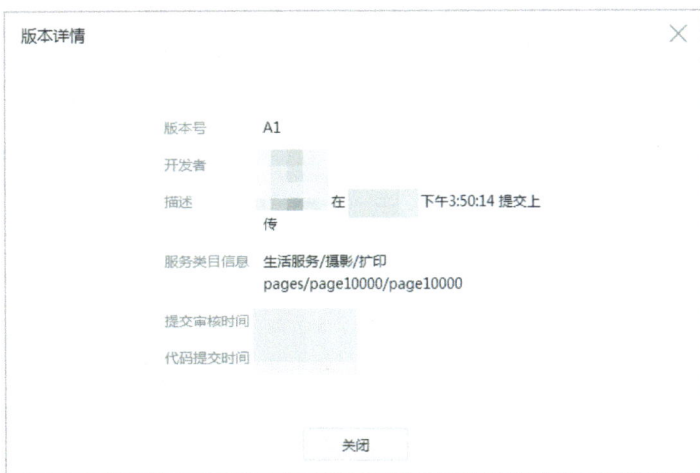

图 6-39 "版本详情"页面

6.2.5 及时发布

小程序审核的结果只有两个，即通过和通过。如果审核不通过，审核结果中会将不符合要求的内容都列出来，运营者只需将这些问题一一解决，并再次提交审核，通过率便大大提高。

当然，如果运营者并不急着进行审核，或是对小程序的通过还没有十足的把握，可以先进入小程序公众平台的"微信小程序平台常见拒绝情形"页面，了解审核过程中可能会出现的一些问题，有则改之，无则加勉，如图 6-40 所示。

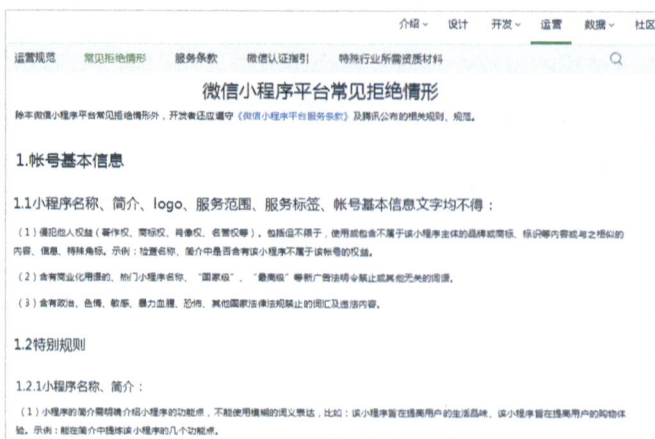

图 6-40　"微信小程序平台常见拒绝情形"页面

除了不通过之外，还有一种好结果就是通过。当审核结果出来之后，微信会话中便会以"服务通知"的形式给小程序管理员发送一条信息，如图 6-41 所示。单击该会话则可进入"服务通知"界面，查看具体审核信息，如图 6-42 所示。

图 6-41　"服务通知"信息

图 6-42　"服务通知"界面

小程序管理员收到审核通过的信息之后，便可以在微信公众平台中发布小程序了，具体操作如下。

步骤 01　登录小程序微信公众平台，在"开发管理"页面找到的"审核版本"的相关内容，此时审核的状态显示为"审核通过，待发布"，查看页面中的信息。确认无误之后，单击右侧的"提交发布"的按钮，如图 6-43 所示。

图6-43 查看"审核版本"的相关内容

步骤02 执行上述操作后,进入"提交发布的相关须知"页面,仔细阅读页面中的内容。确定要发布,勾选"已阅读并了解以上规则"复选框,单击"下一步"按钮,如图6-44所示。

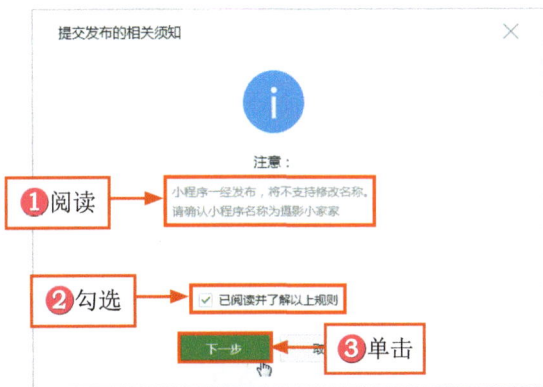

图6-44 "提交发布的相关须知"页面

步骤03 操作完成后,进入"发布版本"页面,小程序管理员需要用微信扫描二维码进行发布确认,如图6-45所示。

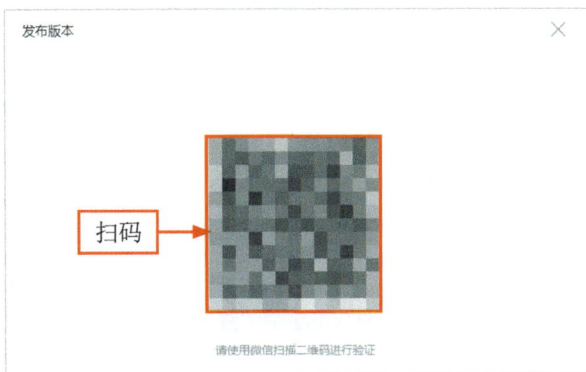

图6-45 "发布版本"页面

步骤 04 扫码完成后，小程序管理员的手机将进入"发布当前版本？"界面，小程序运营者及管理员要仔细阅读页面中的相关信息。确认无误后，点击下方的"发布"按钮，如图 6-46 所示。

步骤 05 操作完成后，管理员的手机将转至"发布版本"页面，如果页面中显示"已发布"，就说明小程序已成功发布，如图 6-47 所示。

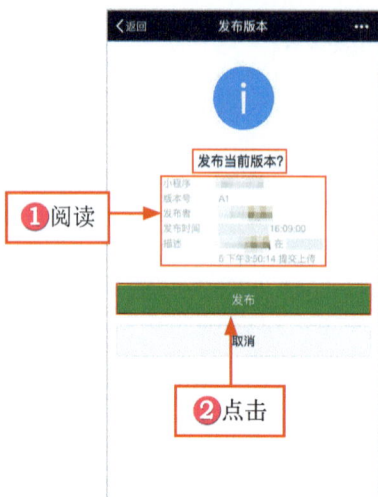

图 6-46　"发布当前版本？"界面

图 6-47　小程序发布成功

小程序审核通过之后，需要手动发布，运营者在收到通过审核的信息之后，一定要记得到公众平台发布小程序。

小程序发布之后，运营者可以通过搜索等方式，查看小程序是否已经上线。另外，在小程序公众平台的"开发管理"页面中也将显示线上版本的相关信息，有需要的运营者可以前往查看，如图 6-48 所示。

图 6-48　"开发管理"页面中"线上版本"的相关信息

第 7 章

亮点设计——让用户看到独特价值

学前提示：

亮点设计指的是运营者需要打造自己产品的独特之处，以吸引用户的眼球，在众多小程序软件中脱颖而出。

本章主要向大家介绍亮点设计的相关理念和规则，为运营者提供创意设计时的思路方向。

要点展示：

➢ 3 种理念：指示亮点设计方向

➢ 六大规则：打造产品的独特优势

7.1　3 种理念：指示亮点设计方向

设计理念体现的是小程序运营者的初心，正确的设计理念可以让运营者赢在起点。小程序的设计理念可以从成熟的小程序中得到借鉴，下面通过案例分析重点介绍 3 种设计理念。

7.1.1　明确核心用户

小程序运营者能够用于运营的时间和精力毕竟是有限的，而且产品只有卖给有需求的对象，才能卖出应有的价格。所以，运营者要重点打造与自身业务相关的产品和服务，而且要通过调查了解营销目标，并根据目标的需求提供相关产品和服务。

"手机摄影构图大全"就属于定位精准方面较为突出的小程序，其用户定位是摄影爱好者。该小程序推出的所有功能都是与摄影构图直接相关的，其功能主要包括书籍推荐、课程培训等。图 7-1 所示为"手机摄影构图大全"小程序的相关界面。

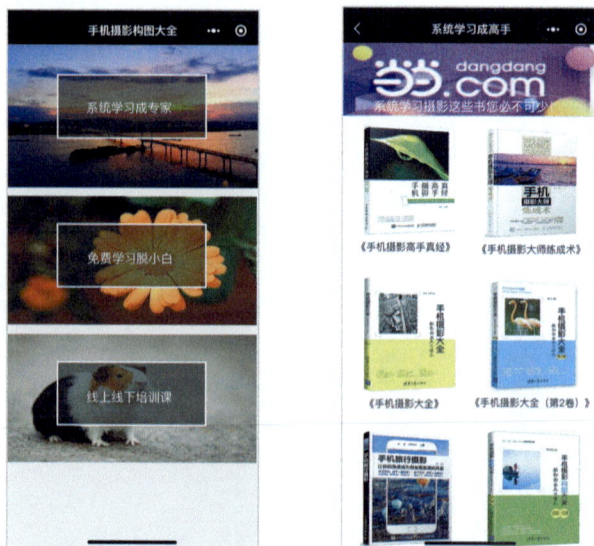

图 7-1　"手机摄影构图大全"小程序的相关界面

7.1.2　凸显自我价值

无论是何种事物，但凡是专业的，往往就更容易成为用户的选择。当产品的专业性十分强悍，并且市场上同类产品又比较少，甚至是没有时，就可能会因为"人无我有"而获得用户的青睐。

在诸多小程序中，"王者荣耀群排行"绝对可以算得上是一种独特的存在。在小程序上线初期，腾讯对于游戏类小程序是比较排斥的，而"王者荣耀群排行"虽然与《王者荣耀》这款热门游戏紧密相关，但却没有直接提供游戏服务，这也让这款小程序脱去了游戏的外衣。

另外，借助《王者荣耀》的超高人气，并且许多玩游戏的人又具有一定的比较心理，"王者荣耀群排行"小程序也因此获得了很好的发展，甚至于曾经一度成为用户量排在前列的小程序。

群排行，尤其是游戏类群排行软件可以说是很难找到的，而"王者荣耀群排行"作为唯一的一款《王者荣耀》排行类小程序，并且是由腾讯官方推出的，所以，其独特性也是显而易见的。当然，除此之外，该小程序的便利性也是其受到青睐的重要原因。

用户只需进入"王者荣耀群排行"小程序，并将其分享至微信群，便会出现一个小程序卡片，如图 7-2 所示。单击小程序卡片之后，便可进入"王者荣耀群排行"小程序，查看群排行、群动态和群任务等信息，如图 7-3 所示。这对于需要查看微信群游戏情况的用户来说，无疑是非常实用的。

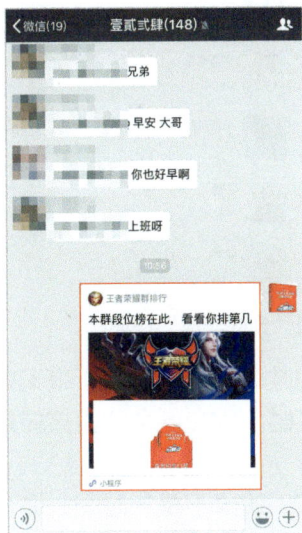

图 7-2　分享小程序

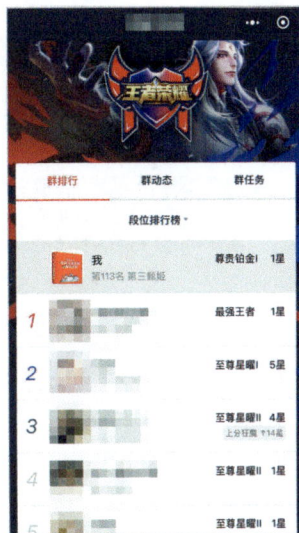

图 7-3　查看群排行情况

7.1.3　扩大本体优势

小程序说到底也属于产品的一种，只不过相比于具体的产品，它更多的是以服务的形式出现。特别是一些内容类的小程序，它提供的可能仅仅是某一方面的资讯。而要通过服务让应用软件脱颖而出，比较关键的一点就在于专注服务，做到"人有我优"。

运营者需要做的就是先确定小程序的服务内容，然后围绕服务内容设计小程序的栏目，将用户最关心的信息尽可能地用板块展示出来。这一点大多数小程序都做得比较好。

比如，在"喜马拉雅"小程序的首页中，有有声书、儿童、相声等多个板块，其内容全面性可见一斑。除此之外，进入全部分类后，在"全部频道"板块中还列出了一些热门内容，如图7-4所示。

图7-4 "喜马拉雅"小程序的首页和"全部频道"板块

虽然内容的全面性不是衡量应用软件专业性的唯一标准，但是，毫无疑问的一点是，当一款应用软件与专业内容相关的内容越多时，用户便会认为该应用软件越具有专业性。

用户选择应用软件有时候就像是挑选购物地点，如果不是赶时间，许多人都会选择去大超市买东西，因为大超市的产品种类多，而且质量比较有保证。

同样的道理，当应用软件提供的内容比较全面时，用户会觉得内容比较多，自己需要的内容都有，就会选择该应用软件。

7.2 六大规则：打造产品的独特优势

对于小程序的界面设计，微信官方提出了一些要求，图7-5所示为"微信小程序设计指南"的部分内容。有需要的小程序运营者可以前往"微信小程序设计指南"

的"设计"板块查看。小程序运营者可以将其视为设计自身小程序电商平台的官方规则，即便是打造个性化的电商平台，也需要建立在这些规则之上。

图7-5 "微信小程序设计指南"的部分内容

7.2.1 操作流畅

畅通无阻的操作体验，即用户在使用微信小程序的过程中，应该不被突如其来的无关内容所打断。要做到操作的畅通无阻并不容易，因为有的运营者经常会好心做坏事。比如，有的小程序运营者为了增强对用户的吸引力，会在用户的操作过程中弹出如图7-6所示的活动界面。

虽然运营者这么做是为了给用户发福利，但是面对突然出现的红包，许多用户并不会因为获得小额红包而欣喜，相反地，却可能因为操作被打断而对该界面，甚至是对小程序产生反感。因此，为了使用户获得流畅的操作体验，运营者应减少领红包、抽奖、广告和提醒类信息的弹窗。

需要特别说明的是，如果提醒信息是与小程序的服务内容直接相关且不可跳过的，那么，此信息对于用户来说便是必要的信息，即使可能暂时打断用户操作，也必须进行设置。

比如，当用户打开"美柚"小程序之后，会进入"美柚"界面，如图7-7所示。让用户对姨妈期进行设置。因为该小程序会对不同用户的经期进行记录，且每个月都会有经期的变化，记录需要随时更新，呈现的内容也有较大的差异。所以，为了让用户获得更加准确的信息，此时的设置提醒便具有了必要性。

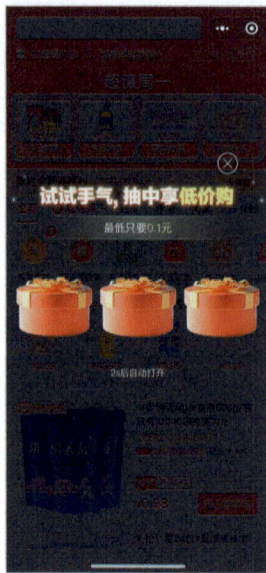

图 7-6　不合理的抽奖界面

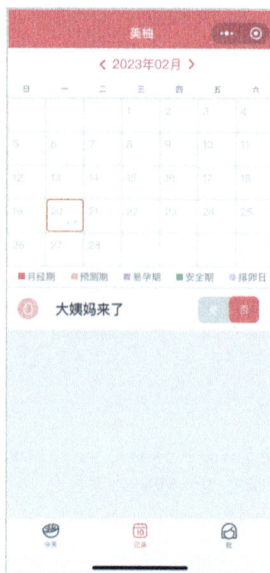

图 7-7　必要的提醒设置

7.2.2　导航清晰

对于用户，特别是初次进入小程序平台的用户来说，导航栏可以起到地图的作用，而明确的界面导航则可以让用户迅速找到自己需要的内容，减少不必要的探索小程序内容的时间，增强小程序的便利性。

在作者看来，小程序平台中的导航栏主要有 3 个作用，一是告诉用户其所处的位置；二是给用户提供返回渠道；三是对用户的操作进行引导。其中，操作引导既是对用户最具实用价值的内容，也是运营者可以充分利用的部分。如果运营者需要达到某一目的，便可以通过导航栏的一步步引导来实现。

比如，在电商购物类小程序中，运营者为了让用户快速完成购物，可以通过明确的导航让用户快速找到自己需要的产品，此时，如果再提供便利的购买途径，用户通常更容易下单完成购买。

以"拼多多"小程序为例子，图 7-8 所示为该小程序的"首页"界面。可以看到，在"首页"界面，用户可以对包括"手机""食品"和"电脑"等类别的商品进行选择。

如果用户在"首页"界面中选择"水果"，并进入对应界面之后，导航栏下方就会出现"水果及制品""柑桔橙柚""瓜果桃梨"和"蔬菜及制品"等下一级导航栏，如图 7-9 所示。

如果用户选择"水果及制品"选项，界面将跳转至"水果及制品"界面，如图 7-10 所示。另外，点击某一商品之后，即可进入"商品详情"界面，如

图 7-11 所示。该界面为用户提供了购买途径。用户只需点击界面下方的"单独购买"按钮或"发起拼单"按钮，便可对产品进行购买。

图 7-8 "首页"界面

图 7-9 "水果"界面

图 7-10 "水果及制品"界面

图 7-11 "商品详情"界面

　　大部分用户并不会因此对随处可见的导航栏感到厌烦，相反地，还会觉得运营者在设计小程序时充分考虑到了用户的感受，因为导航栏很好地充当了地图的作用，使当前界面中可以查询的内容变得一目了然。

7.2.3　重点突出

每个微信小程序的界面都有一个主题，小程序运营者需要做的就是将主题内容作为重点进行突出显示，从而在重点呈现的同时，让用户更好地把握界面中相对重要的内容。

图 7-12 所示为部分小程序查询界面的内容，该界面中的上下方各放置了一个广告，而且"查询"按钮下方的词条大小一致显得没有重点，这种查询设置显然是错误的。

那么，正确的查询界面怎么设置呢？作者认为，可以从两个方面来考虑。

首先，与查询内容无关的内容，如广告信息，应该全部去掉；其次，在提供搜索词条时要考虑用户的使用习惯，将搜索频率高的几个词汇重点呈现，有条件的甚至可以通过字体的大小反映词汇的搜索热度，让热词更加显眼，如图 7-13 所示。

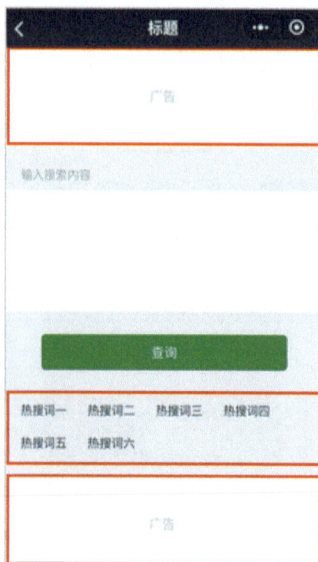

图 7-12　错误的查询设置　　　　　图 7-13　正确的查询设置

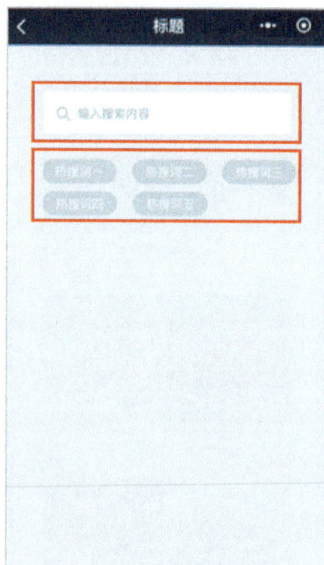

虽然小程序中可以放置广告，但是小程序运营者最好还是少在界面中放广告，因为广告在界面中会显得很突兀。在大多数情况下，广告都是不招人待见的，毕竟用户使用小程序不是为了看广告。

7.2.4　主次分明

小程序运营者在进行操作选择设置时，需要做到主次分明，帮助用户分清主要操作和次要操作，不要让用户陷入难以选择的境地。

图 7-14 所示为错误的操作选择设置，之所以说它是错误的设置，就是因为该界面给用户提供了"主操作一""主操作二""主操作三"3 个操作选择。这 3 个操作选择，只是文字略有差异，可以说完全看不出主次。在这种情况下，用户怎么选择？

对此，小程序运营者不妨直接将操作名称命名为"主要操作""辅助操作"，并为其配备不同的背景色，如图 7-15 所示。这样一来，主次有别，用户自然也就不用再为选择为难了。

图 7-14　错误的操作选择设置　　　　图 7-15　正确的操作选择设置

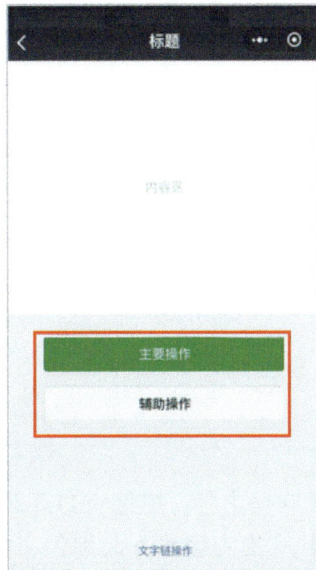

让操作主次清晰主要有两种方法，一种是直接写明，另一种是减少选择项。所以，在不好分别设置操作的情况下，小程序运营者可以适当减少操作的选择项。如果实在要让用户选择，可以分几次进行。

7.2.5　页面规范

虽然小程序的功能是吸引用户的主要因素，但是小程序电商运营者需要明白一点，很多人都是"颜值控"。如果一个小程序电商平台只注重使用功能，却不注重视觉效果，有些用户可能会觉得设计太低端了，并选择离开。这样一来，势必会造成用户的流失。

因此，为了增强微信小程序电商平台的视觉效果，微信在字体、列表、表单、按钮和图标这 5 个方面制定了规范。

1. 字体

从字体来看，"微信公众平台 | 小程序"的"微信小程序设计指南"页面对字号和字体颜色分别制定了规范。首先，对于页面中各内容的字号，微信官方给出了统一的规范，具体如图 7-16 所示。

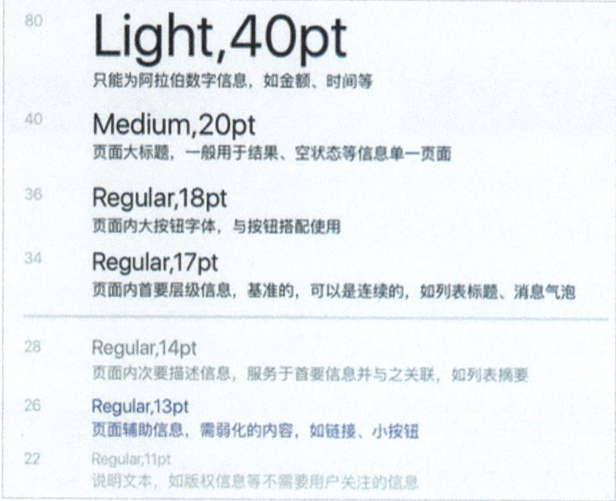

图 7-16　小程序字号规范

除了字号之外，微信官方还对字体颜色表示的意义及使用标准制定了规范，并明确指出："主内容 Black 黑色，次要内容 Grey 灰色；时间戳与表单缺省值 Light 灰色；大段的说明内容而且属于主要内容用 Semi 黑。蓝色为链接用色，绿色为完成字样色，红色为出错用色，Press 与 Disable 状态分别表示降低透明度为 20% 与 10%。"具体字体颜色规范内容如图 7-17 所示。

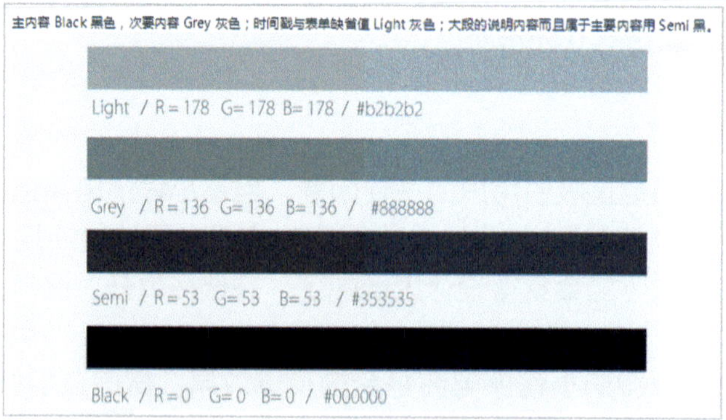

图 7-17　小程序字体颜色规范

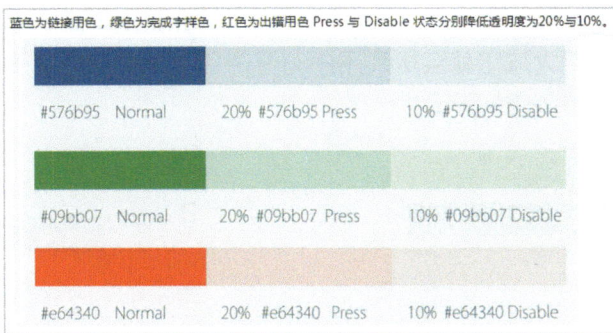

蓝色为链接用色，绿色为完成字样色，红色为出错用色 Press 与 Disable 状态分别降低透明度为20%与10%。

#576b95 Normal	20% #576b95 Press	10% #576b95 Disable
#09bb07 Normal	20% #09bb07 Press	10% #09bb07 Disable
#e64340 Normal	20% #e64340 Press	10% #e64340 Disable

图 7-17　小程序字体颜色规范（续）

2. 列表

作为页面内容的重要组成部分，列表的呈现效果直接影响用户的视觉感受。所以，为了统一列表格式，让用户获得较好的视觉感受，"微信公众平台 | 小程序"的"微信小程序设计指南"页面制定了列表视觉规范，如图 7-18 所示。

3. 表单

表单由表单标签、表单域和表单按钮组成，表单域还包含文本框、多密码框、隐藏域、复选框、单选按钮和下拉列表框等诸多内容。因此，为了统一表单格式，微信小程序制定了表单视觉规范，如图 7-19 所示。

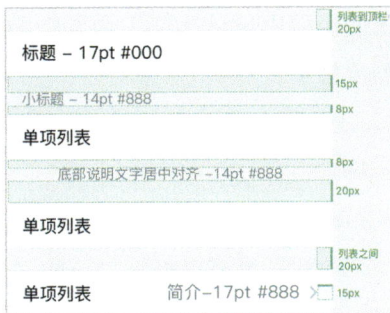

图 7-18　列表视觉规范

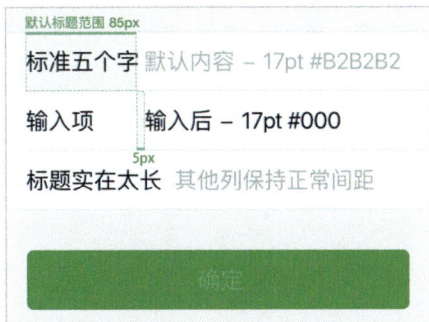

图 7-19　表单视觉规范

4. 按钮

根据高度的不同，微信小程序中的按钮可分为大按钮、中按钮和小按钮 3 种。其中，大按钮的固定高度为 94px（47pt），它表示当前界面的即时操作，因此必须是有效且能够满足用户实际需求的按钮。大按钮的具体使用原则如图 7-20 所示。需要特别注意的是，一个界面中只能出现一次主操作按钮。

中按钮的固定高度为 70px（35pt），它表示重要程度不高或者不鼓励操作的按钮。当然，如果使用大按钮就会扰乱用户浏览信息，这时可用中按钮代替。中按钮的具体使用原则如图 7-21 所示。

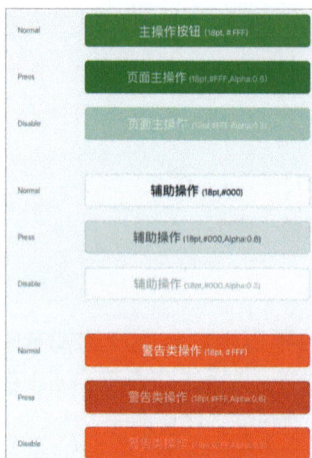

图 7-20　大按钮的使用原则

图 7-21　中按钮的使用原则

小按钮的固定高度为 60px(30pt)，它表示微信小程序界面中某项内容的操作或选择。与大按钮不同，小按钮可以重复出现，小按钮的具体使用原则如图 7-22 所示。

除了上述 3 种按钮之外，微信小程序中还可能出现两类按钮，一类是表示按钮已经失效，还有一类是表示按钮正在加载。"微信小程序设计指南"页面针对这两类按钮的使用原则进行了相关的规定，具体如图 7-23 所示。

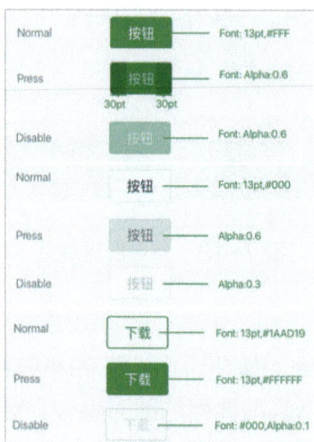

图 7-22　小按钮的使用原则

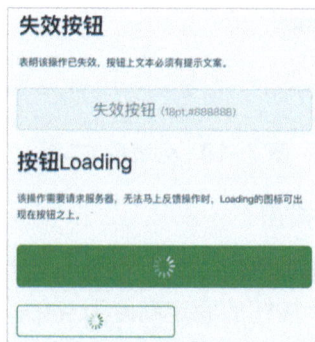

图 7-23　失效按钮和按钮 Loading 的使用原则

5. 图标

在微信小程序中，最为常见的图标主要有 3 类，一是表示完成的图标，二是表示错误提示或警示的图标，三是表示提醒或次级警示的图标。为了统一图标，让用户更快获知图标代表的意义，"微信小程序设计指南"页面针对上述 3 种图标制定了使用原则，具体如图 7-24 所示。

图 7-24 图标使用原则

"微信小程序设计指南"还对小程序 Titlebar（标题栏）按钮的相关内容进行了说明，具体如图 7-25 所示。

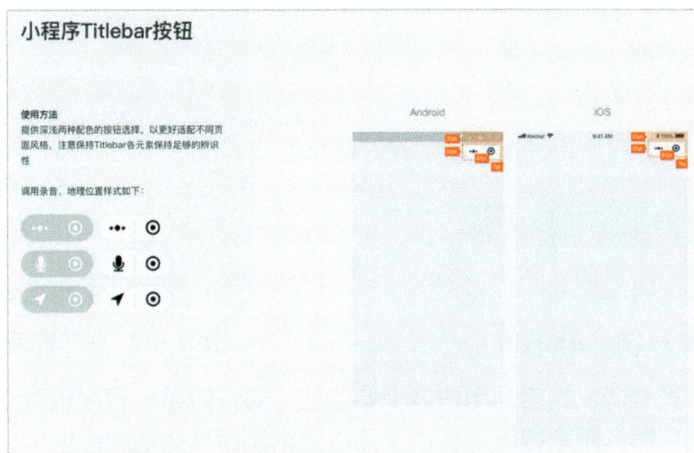

图 7-25 小程序 Titlebar（标题栏）按钮

设计规范不仅可以提升小程序的界面效果，还能提高小程序审核通过率。当运营者按照微信官方给出的设计规则设计小程序时，审核人员会觉得运营者遵循了规则，这样审核通过的概率自然会高一些。

7.2.6 异常提醒

当用户操作不当时，微信小程序界面可能会出现一些异常情况。虽然这不是小程序自身的过错，但是异常仍是一个必须解决的问题。因此，运营者在设计小程序界面时，必须要想到异常解决的问题。具体来说，异常解决需要做好两方面的工作，一是告知异常，二是提供解决方案。

图7-26所示为微信官网给出的表单报错示例，可以看到在示例的图片中，明确指出"卡号格式不正确"。经过这一处理，用户便能清楚地获知具体异常情况，并找出对应的解决方案。

除了表单报错之外，小程序运营者还可以通过提示对话框的设置帮助用户解决异常。图7-27所示为某小程序中的提示对话框，在该对话框中明确指出"支付密码错误，请重试"，与此同时还提供了解决方案，即"重试"，用户看到该对话框便可自行解决异常情况。

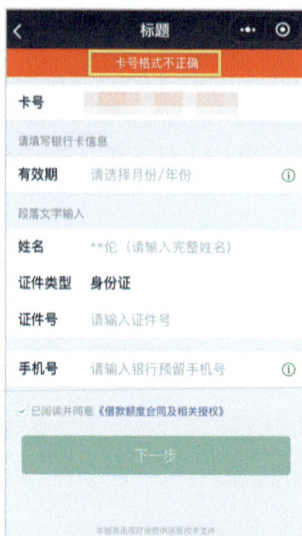

图7-26　表单报错

图7-27　提示对话框

因为遇到异常情况之后，用户多少会有些无助，如果小程序运营者不能为用户提供解决方案，那么用户很可能会由于无法正常使用某些功能而退出，甚至是删除小程序。所以，在设计小程序界面时，小程序运营者一定要充分考虑可能出现的异常情况，并加以解决。

第 8 章

入口把控——将流量握在自己手中

学前提示：

在成功上传小程序软件之后，我们要把自己的产品推销出去，这就需要借助各种推广通道，为小程序提供流量。

本章将为大家介绍小程序的相关流量入口及使用方法，利用好这些入口将使小程序的推广效率最大化。

要点展示：

➢ 6 个天然入口：每个小程序都能使用

➢ 3 个额外入口：关联公众号即可拥有

8.1 6 个天然入口：每个小程序都能使用

腾讯 CEO 马化腾曾经表示："小程序已经成为中国编程者一个非常热门的编程环境和正在热情学习的语言环境。"马化腾将其视为一个非常重要的数字化利器，这一点从微信，乃至腾讯对小程序的支持力度可以看得出来。

8.1.1 微信小程序二维码

与其他应用相比，微信小程序推广最大的优势之一就是可以将二维码作为一个入口。也就是说，用户甚至无须根据小程序名称搜索，只要在运营者亮出二维码之后，用微信"扫一扫"功能识别便可以进入。而小程序二维码又是可以直接下载的，这无疑为二维码入口引流提供了极大的便利。

纵观人们的日常生活，微信"扫一扫"扮演着越来越重要的角色。

从加微信好友，到微信支付，只要手机在身上人们便可以通过扫码做很多事。微信"扫一扫"功能无疑给人们带来了越来越多的便利，与此同时，人们也越来越习惯于通过扫码进行相关操作。

在这种情况下，二维码势必会成为用户进入小程序，特别是线下进入小程序的重要途径。

因此，进行扫码线下推广对于微信小程序电商运营者的意义日益重大，那么如何进行扫码线下推广呢？

步骤 01 找到微信小程序后台左侧的"设置"页面，单击"下载"按钮，如图 8-1 所示。

图 8-1 "设置"页面

步骤02 操作完成后，进入"小程序码及线下物料下载"页面，选择某一尺寸，并单击 ⬇ 图标即可下载小程序二维码，如图 8-2 所示。

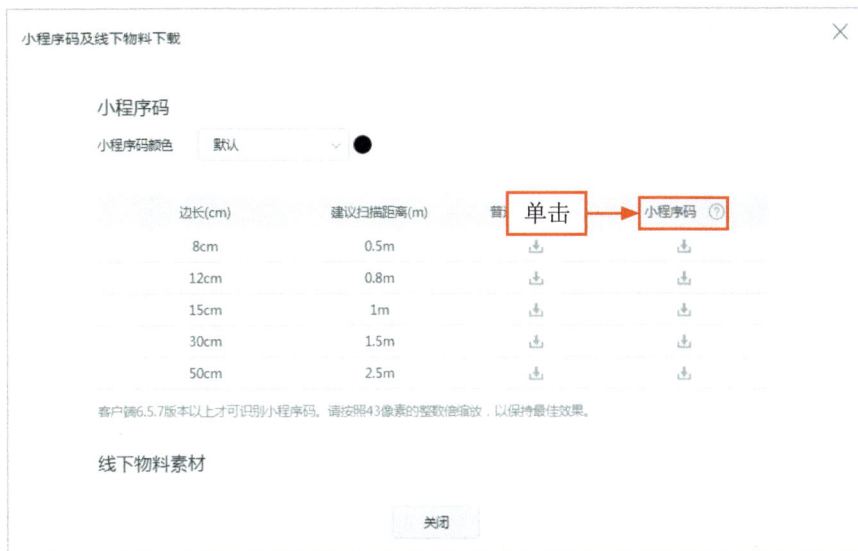

图 8-2 "小程序码及线下物料下载"页面

下载小程序二维码之后小程序运营者可以将二维码放置在显眼的位置，并对扫码进入微信小程序平台以及小程序可以给用户带来哪些便利进行简单的说明。为了增强推广效果，小程序运营者可以通过增加二维码数量、进行针对性推广等方式，让更多用户接触到二维码。

用二维码为用户进入小程序提供入口的关键在于，让用户愿意扫码进入小程序。对此，运营者需要重点把握两点，一是将二维码放在显眼位置，让受众一眼就可以看到；二是给出一定的诱饵，增加受众的扫码率。

需要特别说明的是，随着小程序功能的不断开放，普通二维码也是可以进入小程序的，这一点从图 8-2 中的下载选项中不难看出，而这样一来，二维码这个小程序入口也就变得更加便捷了。

8.1.2 小程序卡片

小程序中都设置了分享功能。借用聊天进行分享是小程序最重要的传播方式之一。小程序运营者可以通过一些简单的操作，将小程序分享给微信好友或微信群，具体步骤如下。

步骤01 进入小程序，单击右上方的 ••• 按钮，如图 8-3 所示。

步骤02 弹出分享界面，如图 8-4 所示。

图 8-3　点击 ••• 按钮

图 8-4　弹出分享界面

步骤 03　在图 8-4 所示的界面中选择需要转发的对象，会弹出"发送给："对话框，点击"发送到聊天"按钮，如图 8-5 所示。

步骤 04　完成操作后，在分享对象的聊天信息中，将生成一个小程序链接卡片，转发对象只需点击该链接卡片，便可以进入小程序运营者分享的小程序界面，如图 8-6 所示。

图 8-5　点击"发送到聊天"按钮

图 8-6　转发完成

分享小程序，特别是将小程序分享到微信群时，因为群成员中可能会有一些对自媒体运营者不是太熟悉的人。在这种情况下，这部分人可能会对分享小程序的行为表示厌恶。

对此，小程序运营者可以通过一定的举措将分享这种硬推广尽可能地软化，比如，在分享时结合微信群中热议的话题，让小程序与该话题产生联系，将推广行为变成帮微信群成员解决相关问题。

8.1.3　聊天记录

微信聊天对小程序具有记录功能，只要小程序成功分享给微信好友或微信群，便会出现在"聊天信息"中的"聊天小程序"一栏。而且这种记录还将长久留存，免费对分享的小程序进行推广，并提供入口。

步骤 01 登录小程序，将需要被记录的微信小程序分享给微信好友或微信群，点击 ●●● 图标，进入"聊天详情"界面，在"聊天详情"的界面中，点击"查找聊天内容"按钮，如图 8-7 所示。

图 8-7　点击"查找聊天内容"按钮

步骤 02 执行上述操作后，进入搜索聊天内容界面，点击"小程序"按钮，如图 8-8 所示。

步骤 03 进入搜索小程序的界面，点击相应的小程序，如"羊了个羊"，如图 8-9 所示。

步骤 04 此时便会进入小程序默认界面，如图 8-10 所示。

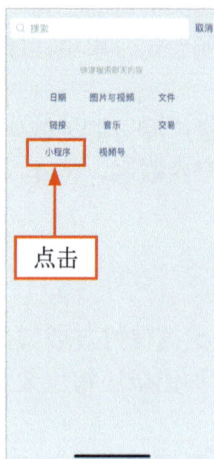

图 8-8　点击"小程序"按钮　图 8-9　点击相应的小程序　图 8-10　默认界面

8.1.4　附近小程序

在微信中设置了"附近的小程序"板块，在该板块中，微信用户可以看到自己所处位置附近的小程序。也就是说，只要小程序运营者设置的小程序位于目标用户附近，便相当于为用户提供了一个进入小程序的入口。

步骤 01　在微信的"发现"界面中点击"小程序"按钮，如图 8-11 所示。

步骤 02　进入"小程序"界面后，点击"附近的小程序"按钮，如图 8-12 所示。

步骤 03　在"附近的小程序"界面中可看到用户附近的小程序，如图 8-13 所示。

图 8-11　"发现"界面　　图 8-12　"小程序"界面　　图 8-13　查看附近的小程序

　　而这些附近的小程序，只要单击便可进入。所以，只要运营主体的小程序出现在用户附近，便相当于多了一个天然的入口。

　　需要特别注意的是，虽然"附近的小程序"对于小程序运营者来说是一个引流入口，但是在设置小程序位置时，运营者还需实事求是，而不能为了让更多人看到就胡乱设置位置。因为对于错误的位置，用户有权向微信官方投诉。

8.1.5　直接搜索

　　在微信中为用户提供了多个小程序搜索入口，比如，微信"搜一搜"、小程序搜索栏等。

　　只要用户知道小程序名称，或者小程序名称中的关键字，并将其输入这些搜索栏，便可以进入该小程序。让用户通过"搜一搜"功能进入微信小程序平台的具体操作如下。

　　步骤 01　进入微信的"发现"界面，点击"搜一搜"按钮，如图 8-14 所示。

　　步骤 02　进入"搜一搜"界面，在搜索栏中输入小程序名称进行搜索，如图 8-15 所示。

图 8-14　"发现"界面

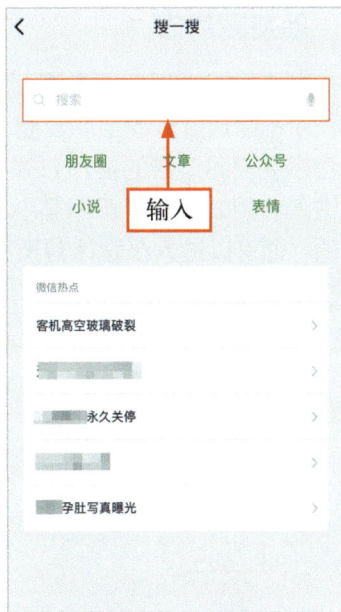

图 8-15　"搜一搜"界面

　　步骤 03　比如，搜索"美团外卖"时，将出现搜索结果界面，如图 8-16 所示。

　　步骤 04　在搜索结果界面中，选择相应的小程序，便可以直接进入目标小程序的首页，如图 8-17 所示。

图 8-16　搜索结果界面

图 8-17　"美团外卖"小程序首页

对于搜索栏这个入口，小程序运营者要想充分利用，还得通过营销推广，让用户对你的小程序有所认知，记住你的小程序名称。

8.1.6　朋友圈广告

起初微信对于小程序朋友圈营销的行为可以说是抵触的，其中最为直接的一点就是小程序不能直接分享至朋友圈。而随着小程序发展，其广告也变得多样起来。

小程序朋友圈广告的推广方式主要是将小程序二维码分享至微信朋友圈，让用户扫码进入。图 8-18 所示为某小程序的朋友圈广告界面，用户只需长按识别图中的二维码，便可以进入小程序首页界面，如图 8-19 所示。

图 8-18　朋友圈广告

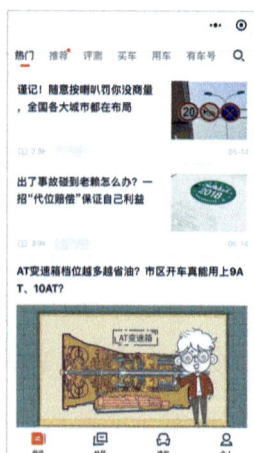

图 8-19　小程序首页

8.2 3个额外入口：关联公众号即可拥有

对于小程序运营者来说，微信平台推广微信小程序主要有3种途径。

其中，二维码更多的是提供线下入口，而分享功能则是将小程序推广至有一定联系的微信好友或微信群。那么，如何才能在线上将小程序推荐给更多陌生人呢？此时，就需要用到公众号了。只要小程序运营者将小程序关联公众号，便可以额外拥有3个入口。

8.2.1 关联小程序

将小程序关联公众号对于小程序运营者来说，可谓至关重要。

这不仅是因为关联之后，可以通知公众号粉丝，更关键的一点在于，微信公众号中进入小程序的入口都建立在小程序关联公众号上。

如果小程序不关联微信公众号，便等于是自动截断了几个进入小程序的入口。关联小程序需要在微信公众号中进行，具体来说，小程序运营者可以通过以下操作在微信公众号中关联小程序。

步骤 01 进入微信公众平台的后台，单击左侧的"广告与服务"按钮，在展开列表中单击"小程序管理"按钮，进入"小程序管理"界面。已经关联了小程序的公众号可以单击右侧的"添加"按钮，如图8-20所示。

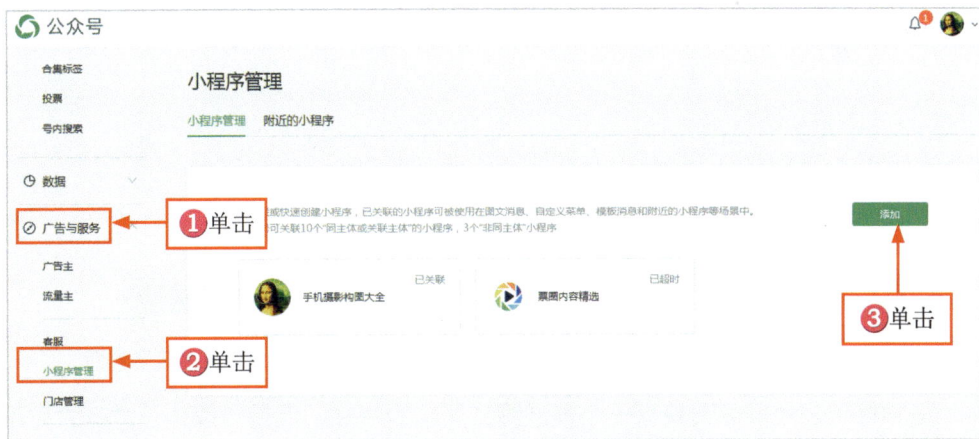

图8-20 "小程序管理"页面

步骤 02 执行上述操作后，进入"添加小程序"页面，单击"关联小程序"按钮，便可以通过提示完成公众号与小程序的关联，如图8-21所示。

步骤 03 完成小程序关联公众号之后，可以在微信公众号中向粉丝发送一条关联通知，用户只需单击该关联通知便可以进入公众号关联的小程序，如图8-22所示。

步骤 ④ 完成关联之后，在手机端查看公众号主体信息时，可以看到"相关小程序"一栏，如图 8-23 所示，用户只需单击图标便可以进入对应小程序。

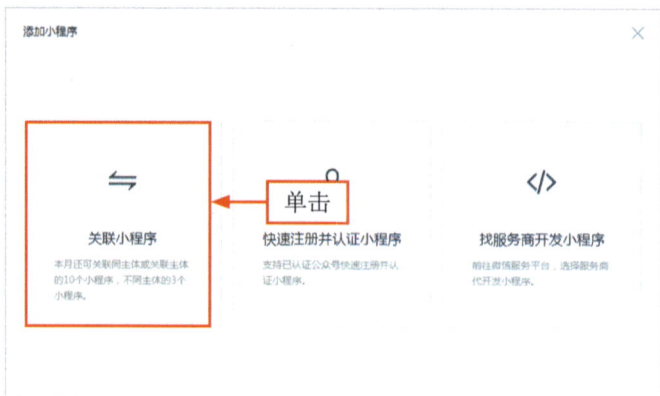

图 8-21　"添加小程序"页面

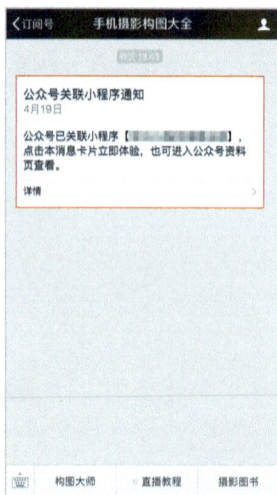

图 8-22　公众号关联小程序通知

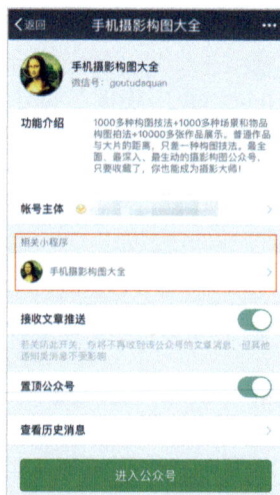

图 8-23　公众号主体信息界面

虽然每个公众号每天只有一个推送图文消息的名额，但是自媒体运营者大可不必担心发送关联小程序通知之后会影响正常的消息推送，因为该通知是不占用每天的推送名额的。

8.2.2　设置菜单栏

小程序关联微信公众号之后，小程序运营者可以在微信公众号菜单栏中插入小程序链接。只要用户单击该链接，便可以进入小程序。小程序运营者可以在微信公众号后台，通过以下操作对公众号菜单栏进行设置，在菜单栏中为进入小程序提供入口。

步骤01 在微信公众号后台的"自定义菜单"页面中，单击"＋"图标，增加"小程序"选项，在右侧的"跳转小程序"板块中，在"子菜单名称"文本框中输入"小程序"；在"子菜单内容"选项组中，选中"跳转小程序"单选按钮，单击"选择小程序"按钮，如图 8-24 所示。

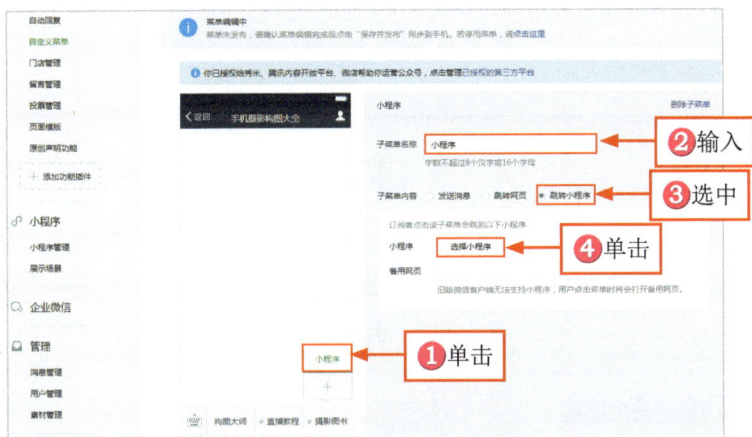

图 8-24 "自定义菜单"页面

步骤02 执行上述操作后，进入"选择小程序"页面，勾选需要关联的小程序，单击下方的"确定"按钮，如图 8-25 所示。

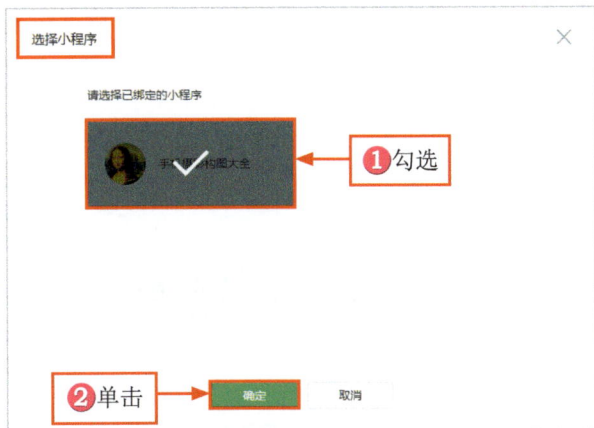

图 8-25 "选择小程序"页面

步骤03 操作完成后，在"小程序路径"文本框中，将出现链接的小程序页面路径，小程序运营者只需单击下方的"保存并发布"按钮，如图 8-26 所示，便可以将调整后的菜单栏运用于公众号。公众号粉丝只需单击菜单栏中的"小程序"，便可以进入小程序。

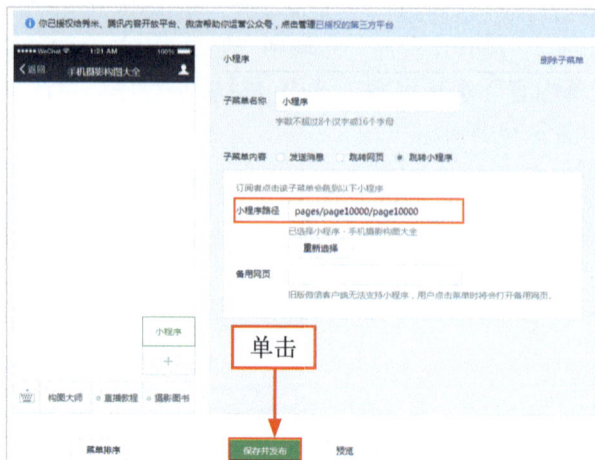

图8-26　出现小程序路径

8.2.3　添加链接地址

运营过公众号的运营者应该都知道，在公众号的图文信息中是可以设置超链接的。小程序同样可以以超链接的方式出现在微信公众号的图文信息中。运营者只需进行以下操作便可实现让用户在公众号图文消息中打开小程序。

步骤 01 进入微信公众平台的"新建图文消息"页面，将光标停留在需要插入小程序链接的位置，然后单击右侧的"小程序"按钮，如图8-27所示。

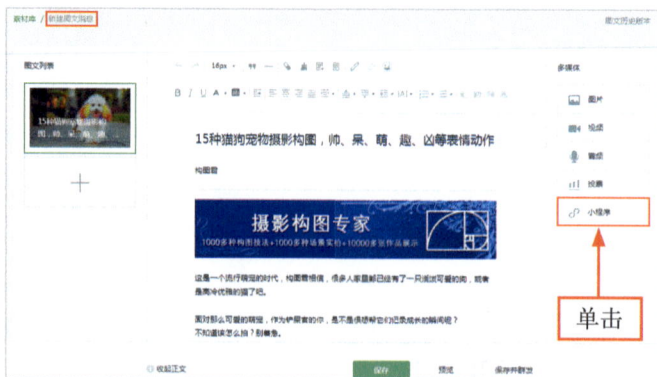

图8-27　"新建图文消息"页面

步骤 02 执行上述操作后，进入"选择小程序"页面，在该页面中勾选已关联的小程序，单击下方的"下一步"按钮，如图8-28所示。

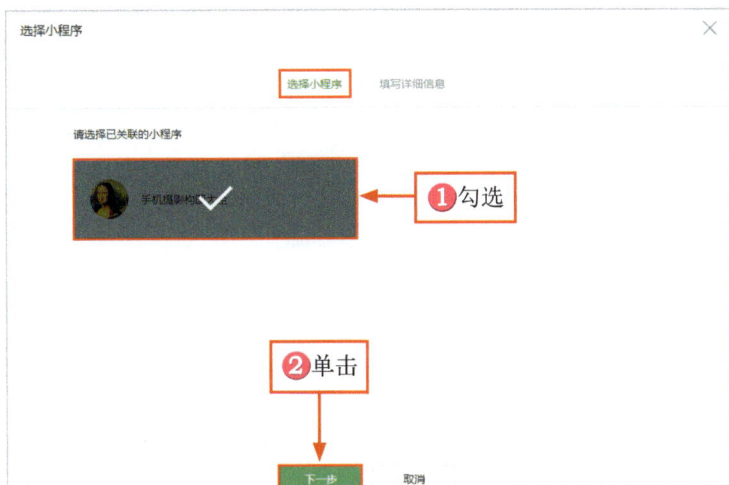

图 8-28 "选择小程序"页面

步骤 03 进入"填写详细信息"页面，在该页面选择展示方式，完善相关信息，单击下方的"确定"按钮，如图8-29所示。

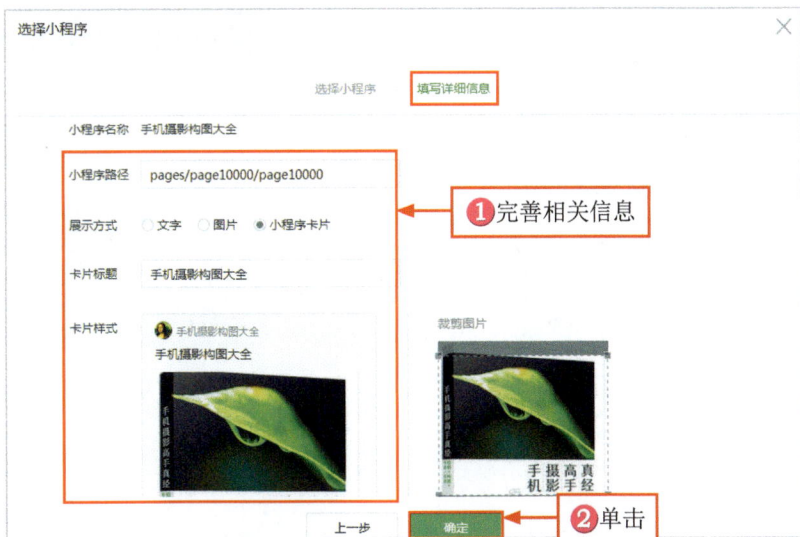

图 8-29 "填写详细信息"页面

步骤 04 完成上述操作后，插入小程序的位置将显示小程序卡片及输入的文字内容。小程序运营者如果想要查看小程序卡片的添加效果，可以单击"预览"按钮，如图8-30所示。

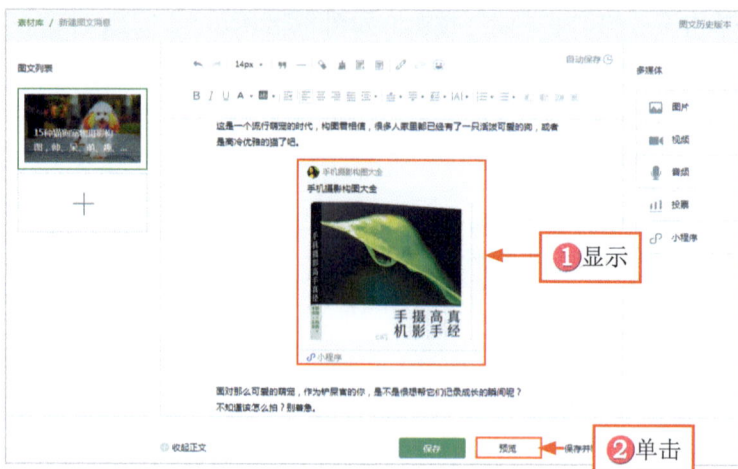

图 8-30　单击"预览"按钮

步骤 05 操作完成后，微信公众号中将出现需要预览的文章，如图 8-31 所示。

步骤 06 点击预览文章，进入新的界面，可以看到小程序卡片，只需点击该卡片便可以直接进入链接的小程序界面，如图 8-32 所示。

图 8-31　出现预览文章

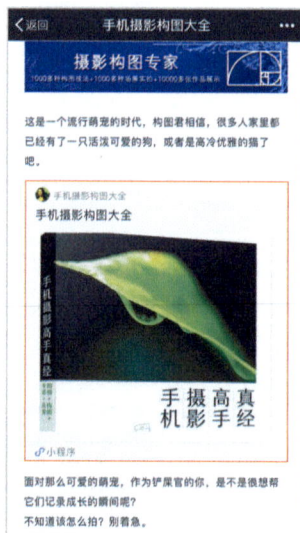

图 8-32　预览文章

第 9 章

形象设计——给客户留好第一印象

学前提示：

朋友圈作为营销推广的重要手段，要注重形象塑造，包括头像、个性签名和朋友圈封面等基本信息设置，这些都将影响客户对你的第一印象，会决定朋友圈的营销效果。

本章将重点介绍朋友圈的基本相关设置，为运营者提供形象设计的方向。

要点展示：

➢ 6 种设置：让客户快速地记住你

➢ 6 种功能：让营销更加高效便捷

9.1 6种设置：让客户快速地记住你

微信火爆来袭，成为营销的主流平台，朋友圈则成为宣传产品的有力渠道，通过熟人圈子来销售产品，有很高的真实性。在利用朋友圈营销之前，运营者首先要掌握微信的一些基本技巧，让用户快速记住你。而要让用户记住，最直接的就是通过对基础内容的设置，让自己的微信具有独特性。

9.1.1 设置微信号

微信号就像是我们在微信上的身份证号码一样，具有唯一性和独特性。从营销的角度来看，微信号的设置一定要满足易识记、易传播的特点，这样更有利于品牌的宣传和推广。

微信号中的字母不宜过多，不然在报微信号时容易给对方造成困扰与疑惑，并且微信号中最好包含手机号或者 QQ 号之类的数字号码，好记的同时也方便与对方联系。

需要注意的是，微信号的设置必须以英文字母作为开头，而不能以数字作为开头。微信号的设置方式如图 9-1 所示。

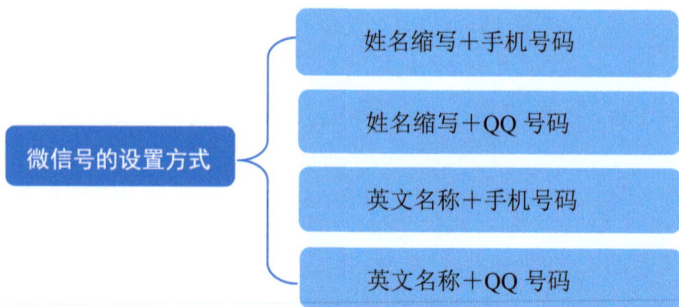

```
                              ┌─────────────────┐
                              │ 姓名缩写＋手机号码 │
                              ├─────────────────┤
                              │ 姓名缩写＋QQ 号码  │
          ┌──────────────┐    ├─────────────────┤
          │ 微信号的设置方式 │───│ 英文名称＋手机号码 │
          └──────────────┘    ├─────────────────┤
                              │ 英文名称＋QQ 号码  │
                              └─────────────────┘
```

图 9-1　微信号的设置方式

如果你的企业拥有大量客户，并且同时有多个微信号进行操作与维护，那么就可以采用企业名称缩写加序列号的方式来区别，比如 flwh001、flwh002 等。

图 9-2 所示是国内某些著名电商的微信号名称，它们的头像、昵称和微信号都是相互呼应的，不仅容易识记，也容易传播，相当于自带广告属性。

这些微信号都非常直白，几乎都是用品牌本身的拼音或者首字母缩写，后面可能加一些别的东西，比如成立的时间等。大家可以借鉴一下，将自己的微信号带上公司或产品信息，方便他人记忆的同时还能为自己添加一个新的广告位。

图 9-2　某些著名电商的微信公众号

9.1.2　设置名字

在朋友圈里，拥有一个得体又有特色的名字是非常重要的，对普通人来说，可能名字无关紧要，只要自己高兴便好，但对于微商来说，就要仔细斟酌，因为微商有着自己不同的目标，最好呈现出独特的理念。因此，微商的名字一定要有很高的识别度，总体要考虑两点：易识记、易传播。

步骤 01 打开微信，进入"我"界面，点击"微信号"按钮，如图 9-3 所示。

步骤 02 进入"个人信息"界面，点击"名字"按钮，如图 9-4 所示。

图 9-3　点击"微信号"按钮

图 9-4　点击"名字"按钮

步骤 03 进入"设置名字"界面，输入想好的名字，如图 9-5 所示。

步骤 04 操作完成后，返回"个人信息"界面，如果名字已完成修改，就说明名字设置成功了，如图 9-6 所示。

图 9-5 "设置名字"界面

图 9-6 "个人信息"界面

在设置微信名字的时候，要注意以下几个因素，如图 9-7 所示。

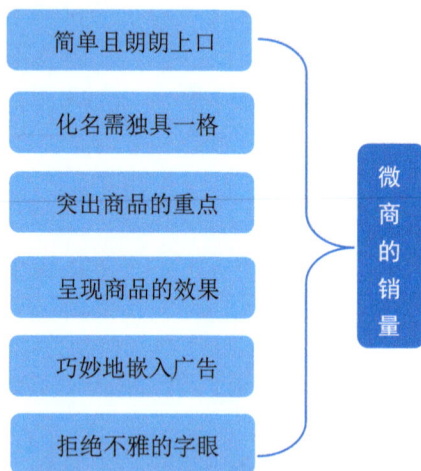

图 9-7 设置微信名字的注意因素

简单好记的微信昵称有以下两点好处。

● 增加信任度，让用户有一种亲近的感觉。

● 方便用户记忆。

很多微商喜欢使用广告作为名字，认为这样可以直接表达自己的意愿。其实广告昵称是极具争议的，要慎用，因为很多人一看到广告就会产生排斥情绪。另外，信任不是一下就建立起来的，是需要长期积累的。

其实使用自己的真名对于提高粉丝信任度是很有帮助的，因为银行卡和支付宝账号都是实名制，用户看到的是真实名字，会产生好感。如果不想让自己的名字众人皆知，使用自己的小名也不失为一个好方法。

9.1.3 设置头像

现在都讲视觉营销，也讲位置的重要性，而微信朋友圈首先进入大家视野的就是微信头像，可以说，这小小的头像图片，是微信最引人注目的第一广告位，我们一定要用好。

在笔者的微信朋友圈里，有几千个朋友，笔者对他们的头像进行了分析总结，普通人的头像两种图片最多：一是自己的人像照片，二是拍的或选的风景照片。但是侧重营销的人，三类照片用得较多：一是具有专业范儿的照片，二是与明星的合影，三是自己在重要、公众场合的照片。

不同的头像，可以传递给人不同的信息，注重营销的朋友，建议根据自己的定位来进行设置，可以从以下这几个方面着手，如图9-8所示。

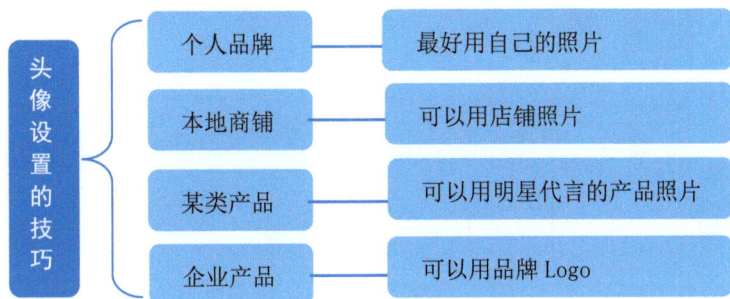

头像设置的技巧		
	个人品牌	最好用自己的照片
	本地商铺	可以用店铺照片
	某类产品	可以用明星代言的产品照片
	企业产品	可以用品牌Logo

图9-8 朋友圈头像设置的技巧

知道了设置头像的技巧后，该如何运用这些技巧呢？其实，设置头像的方法非常简单，具体操作如下。

步骤01 打开微信，进入"个人信息"界面，点击"头像"按钮，如图9-9所示。

步骤02 进入"个人头像"界面，点击右上方的 ••• 图标，在弹出的下拉列表框中选择获取头像的方式，如图9-10所示。

步骤03 进入"所有照片"界面，选择需要的头像，如图9-11所示。

步骤04 对图片进行调整，调整完成后，返回"个人信息"界面。如果头像已完成修改，就说明头像设置成功了，如图9-12所示。

图 9-9 点击"头像"按钮

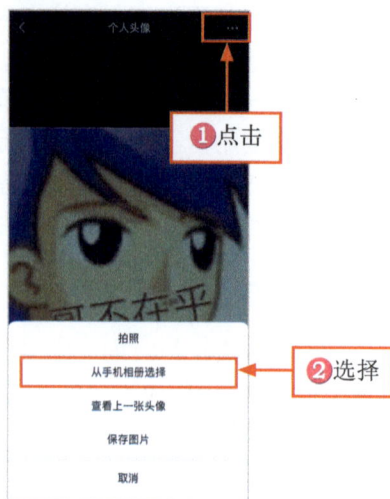

图 9-10 选择获取头像的方式

图 9-11 "所有照片"界面

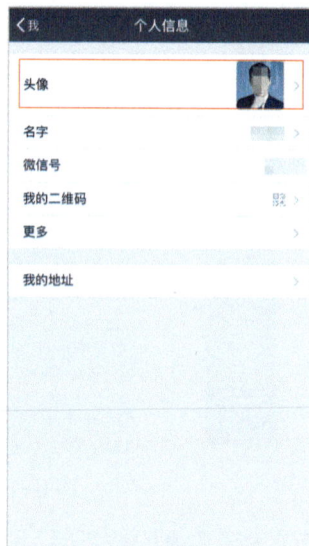

图 9-12 头像设置成功

　　用户参照以上方法，可以将头像换成有利于营销的各种图像。但切记一定要让对方感到真实、有安全感，这样对方才会更加信赖你，毕竟有了信任，才能进行营销。

9.1.4 个性签名

　　个性签名是向他人展现自己的性格、能力、实力等最直接的方式，所以为了一开始就给客户留下好印象，我们应该重点思考如何写好个性签名。用什么样的个性签名，取决于我们的目的，即想在他人心里留下什么印象，或达到什么营销目的。

一般来说，不同用户个性签名的设置大概有 3 种风格，下面笔者将分别进行解读。

1．个人风格式

这是个性签名中最常见的风格。选择此种风格的用户会根据自己的习惯、性格特征、喜欢的好词好句等来编写个性签名。一般来说，微信的普通用户都会选择这种风格作为自己的个性签名，如图 9-13 所示。

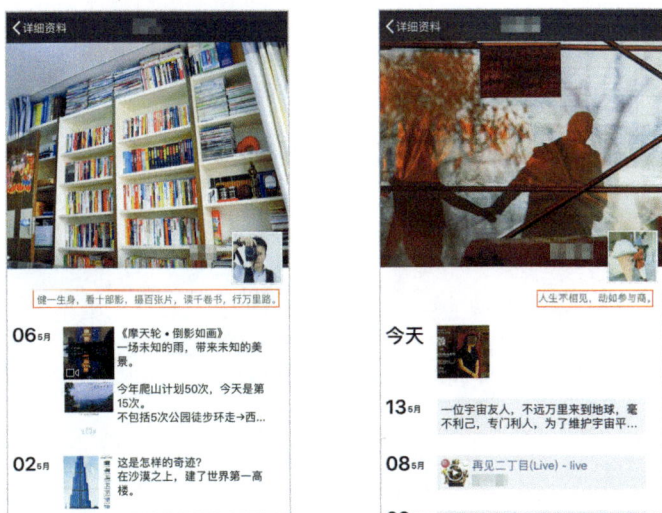

图 9-13　个人风格式的个性签名

2．成就展示式

使用这个风格的用户，一般都带有一定的营销性质。但此类用户的身份很少会是直接的销售人员，作为服务人员的可能性更高一些，但他绝对也是销售与宣传环节不可缺少的一员。

图 9-14 所示的两位，他们并没有直接参与销售，可是他们同样也提供营销与广告宣传。因为他们通过成就的展示，往往能够让营销更具说服力。

3．产品介绍式

这种方式可以说是销售人员最常用的方式，即采取简单粗暴的方式告诉他人营销方向与内容，如图 9-15 所示。

图9-14　成就展示式的个性签名

图9-15　产品介绍式的个性签名

除了介绍店铺以外，还可以直接介绍所销售商品中的明星产品，一般来说都是知名度比较高的产品。在添加好友的过程中，个性签名十分重要，好的签名能给对方留下深刻的印象。下面为大家介绍设置个性签名的步骤。

步骤 01　打开微信，进入"个人信息"界面，点击"更多"按钮，如图9-16所示。

步骤 02　在跳转的界面中，点击"个性签名"按钮，如图9-17所示。

步骤 03　进入"设置个性签名"界面，在编辑栏中输入个性签名。输入完成后，点击"完成"按钮，如图9-18所示。

步骤 04 如果个性签名已经完成修改，那么就说明个性签名设置成功了，如图 9-19 所示。

图 9-16 点击"更多"按钮

图 9-17 点击"个性签名"按钮

图 9-18 "设置个性签名"界面

图 9-19 个性签名设置完成

9.1.5 二维码多样化

二维码的样式多种多样，对微信营销人员而言，选择一个具有美感的、能够吸引人们关注的样式，是很有必要的。设置二维码的步骤如下。

步骤 01 打开微信，进入"我"界面，点击"微信号"按钮，如图 9-20 所示。

步骤 02 进入"个人信息"界面，点击"我的二维码"按钮，如图 9-21 所示。

图 9-20 点击"微信号"按钮

图 9-21 点击"我的二维码"按钮

步骤 03 进入"我的二维码"界面，点击"换个样式"按钮，如图 9-22 所示。

步骤 04 执行上述操作后，即可变换二维码样式，可以选择多种二维码形态，使二维码更加生动、有趣，不再呆板，如图 9-23 所示。

图 9-22 点击"换个样式"按钮

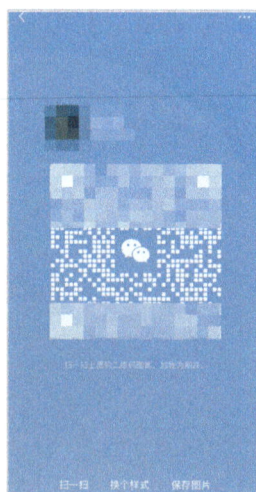

图 9-23 变换二维码样式

9.1.6 封面多样化

从位置展示的出场顺序来看，头像是微信的第一广告位不假，但如果从效果展示的充分度而言，主题图片的广告位价值更大。大在哪儿？大在尺寸，可以放大图和更多的文字内容，更全面充分地展示我们的个性、特色、产品等。

微信的主题照片，其实是头像的背景封面。图 9-24 所示为做得比较好的效果案例。

图 9-24 精美的主体照片背景

微信的这张主题图片，尺寸比例为 480×300 像素左右，因此可以通过"图片 + 文字"的方式，尽可能地将自己的产品、特色、成就等，通过完美布局，充分地展示出来。

专家提醒

大家可以自己用制图软件做，也可以去淘宝网搜索"微信朋友圈封面"，已经有专门做广告的人为大家量身定制这个主题广告图片了。

朋友圈封面图片对于整个营销过程无疑是至关重要的。那么，朋友圈封面图片怎么更换呢？具体步骤如下。

步骤 01 登录微信，点击"发现"按钮，进入"发现"界面，点击"朋友圈"按钮，如图 9-25 所示。

步骤 02 进入"朋友圈"界面，点击背景图片，右下角会出现"换封面"按钮，点击"换封面"按钮，如图 9-26 所示。

图 9-25　点击"朋友圈"按钮　　　　图 9-26　点击"换封面"按钮

步骤 03 进入"更换相册封面"界面后，点击"从手机相册选择"按钮，如图 9-27 所示。

步骤 04 选择一张合适的图片，封面便设置完毕，效果如图 9-28 所示。

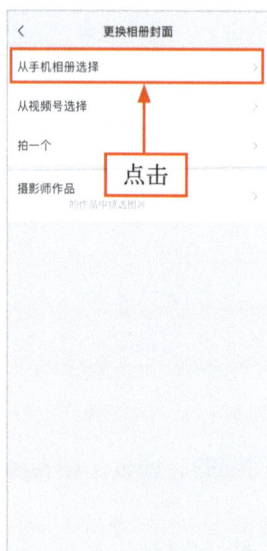

图 9-27　点击"从手机相册选择"按钮　　　　图 9-28　更换封面效果

9.2 6种功能：让营销更加高效便捷

在当代社会，时间就是金钱。在微信朋友圈营销过程中，掌握一些基础功能，可以让我们在找到简单省时的营销方法的同时，给顾客留下高效率的印象。本节将介绍6种细节功能的使用方法，帮助大家找到更有效率的营销方法。

9.2.1 发送名片

在微信中，当一个用户想给另一个用户推荐第三方用户时，告知微信号或是截图二维码都比较麻烦，于是就有了一个新功能——发送第三方名片给对方，直接单击名片就可以添加好友。

如果朋友圈商家们合理地利用这一功能，同样也可以起到大规模添加好友的作用，而且不需要自己亲自动手，就可以拥有庞大的粉丝群体，为朋友圈营销做出巨大的贡献。

运营者可以通过请求亲朋好友推荐、使用优惠等方式吸引客户帮忙推广，让客户帮助自己传播微信号。比如，商户可以选择优惠、赠送物品等方式，请求现有的客户将自己的个人名片推送给他们的好友。这样一传十、十传百，积累客户就不再是困难的问题。接下来介绍发送名片的具体步骤。

步骤01 进入聊天界面，点击右下方的⊕图标，打开列表框，点击"个人名片"按钮，如图9-29所示。

步骤02 进入"选择朋友"界面，点击需要传送名片的微信好友标签，在弹出的任务框中点击"发送"按钮，如图9-30所示。

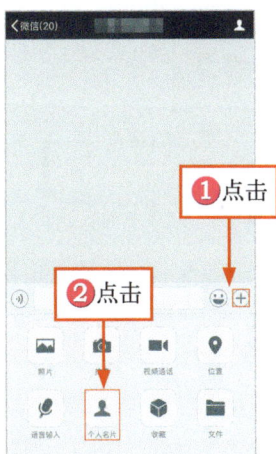

图9-29 点击"个人名片"按钮

图9-30 点击"发送"按钮

步骤 03 操作完成后，在聊天界面中将显示一张微信名片，如图 9-31 所示。

步骤 04 点击该名片则可以直接查看名片持有人的详细资料，如图 9-32 所示。

图 9-31　显示名片

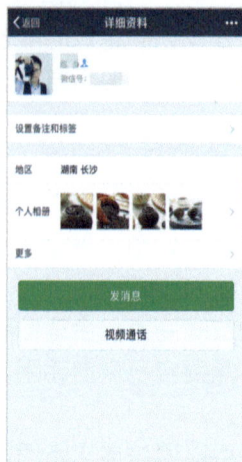

图 9-32　查看详细资料

9.2.2　群发助手

微信群发助手是一款方便、快捷的微信营销软件，这款软件在应用时有着诸多优势。

群发消息非常方便，可以节省很多流程和时间，对于商家来说，群发消息是对销售推广很有利的一个功能，其优势如图 9-33 所示。

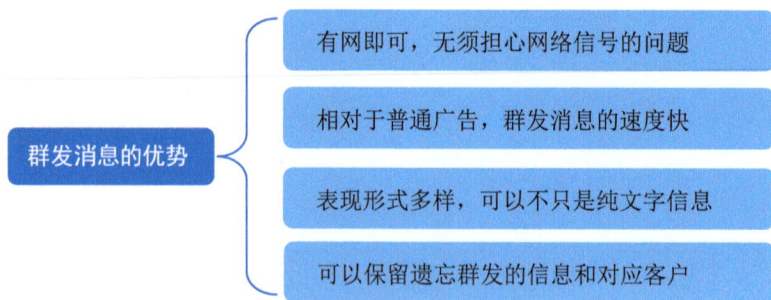

群发消息的优势

- 有网即可，无须担心网络信号的问题
- 相对于普通广告，群发消息的速度快
- 表现形式多样，可以不只是纯文字信息
- 可以保留遗忘群发的信息和对应客户

图 9-33　群发信息的优势

群发信息功能的具体操作步骤如下。

步骤 01 打开微信，进入"我"界面，点击"设置"按钮，进入"设置"界面，点击"通用"按钮，如图 9-34 所示。

步骤 02 进入"通用"界面，点击"辅助功能"按钮，如图 9-35 所示。

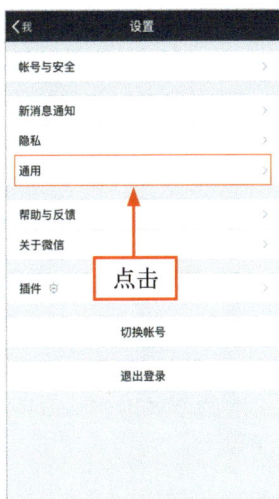

图 9-34 点击"通用"按钮

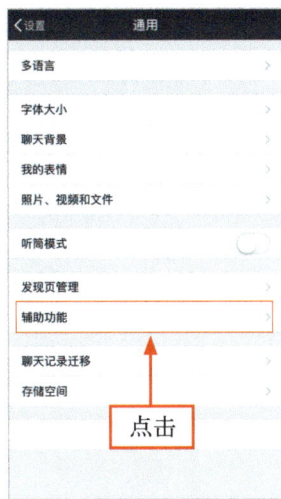

图 9-35 点击"辅助功能"按钮

步骤 03 进入"辅助功能"界面，点击"群发助手"按钮，如图 9-36 所示。

步骤 04 进入"详细资料"界面，点击"开始群发"按钮，如图 9-37 所示。

图 9-36 点击"群发助手"按钮

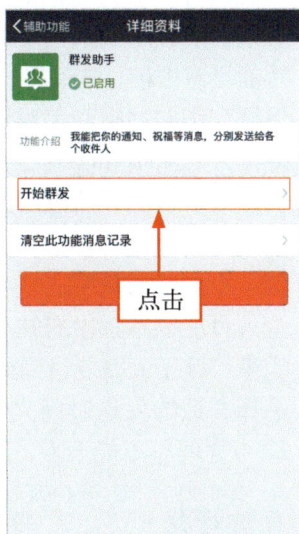

图 9-37 点击"开始群发"按钮

步骤 05 进入"群发助手"界面，点击"新建群发"按钮，如图 9-38 所示。

步骤 06 进入"选择收信人"界面，选择需要群发的对象，点击"下一步"按钮，如图 9-39 所示。操作完成后，进入"群发"界面，编辑会话并点击"发送"按钮，整个过程就完成了。

图 9-38　点击"新建群发"按钮

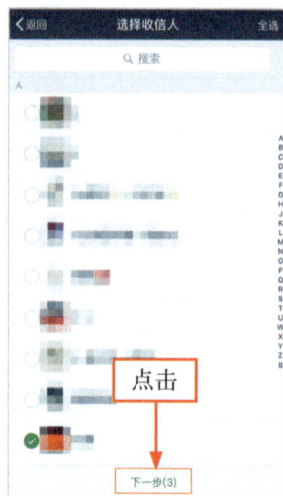

图 9-39　选择需要群发的对象

群发消息虽然每个人都可以收到，可是如何保障每一个人都乐意读到信息并且进行回应呢？对此，我们需要做好以下 4 点。

- 保证内容足够简练，主题明确。所发消息不要大规模煽情，能够让人抓住重点。而且所发的内容最好不是纯广告，一定要引人注目，这样微信好友才能愿意去读、去交流。
- 保证配图的清晰和美观程度。如果所发的信息内容有配图，那么一定要保证图片的清晰和美观。而且对方在接收图片的时候，很有可能会出现图片被压缩的情况，所以必须保证所配照片的重点在中间部分而不是边角边框上。不然会让对方不知所云，不能准确地理解信息的意思。
- 做一个"标题党"。一个好的标题是成功的一半，如果标题不够新颖，有些人可能根本都没有往下读的兴趣。或者是用标题营造一种紧迫感，让人觉得"读了大概能讨到好处、不读肯定会亏"这样的感觉。
- 选择合适的发送时间。发送消息的时间段应该集中在一日三餐和 20 点至 22 点之间，不能太晚，不然容易打扰别人的睡眠。

9.2.3　星标好友

商户在做生意的时候，一定会意识到客户潜在购买力有高有低。虽然从理论上来说应该一视同仁、不能放弃每一笔生意，可是根据现实情况还是必须重点照顾一些大客户，给他们 VIP 级别的待遇。

为了方便找到那些应该重点对待的大客户，可以通过"星标好友"功能，将他们置顶。这样只要一打开微信"通讯录"，就能轻而易举地找到他们。下面为大家介绍设置"星标好友"的具体方法。

步骤 01 打开微信，进入"通讯录"界面，选择一位需要加入"星标好友"的微信用户，并点击对方微信所在的位置，如图 9-40 所示。

步骤 02 进入"详细资料"界面，点击右上方的 ••• 图标，如图 9-41 所示。

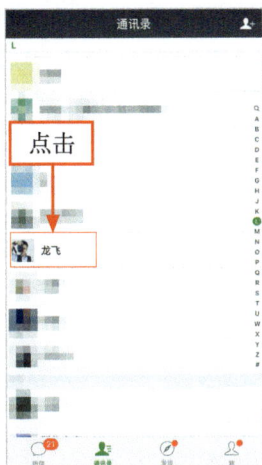

图 9-40 "通讯录"界面

图 9-41 "详细资料"界面

步骤 03 进入"资料设置"界面，向右滑动"设为星标朋友"右侧的 按钮，如图 9-42 所示。

步骤 04 设置完毕，"星标朋友"栏的效果如图 9-43 所示。

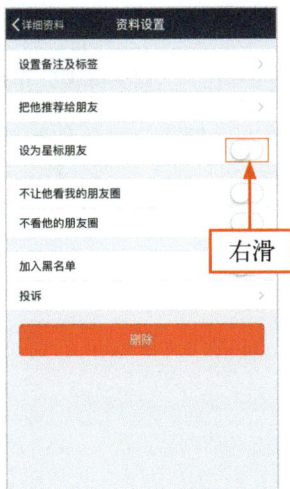

图 9-42 "资料设置"界面

图 9-43 "星标朋友"栏的效果

9.2.4　聊天置顶

一般来说，比较重要的客户，我们可以将他们放入"星标好友"栏中。可是设为"星标好友"的客户，在寻找时还需要打开"通讯录"界面。而且对于商户来说，可能还有一些好友比"星标好友"更加重要，比如最近正在洽谈大笔生意的特殊客户。为了方便随时联系，商家可以将这些用户在微信界面置顶，这样一打开微信就能轻易地找到他们。

聊天置顶功能只有设置之后才会被启用，具体操作可参照如下步骤。

步骤 01　登录微信，打开与某个重要客户的聊天窗口，点击右上角的 **···** 图标，如图 9-44 所示。

步骤 02　进入"聊天详情"界面，点击"置顶聊天"的 按钮，如图 9-45 所示。

图 9-44　点击 ··· 图标

图 9-45　"聊天详情"界面

步骤 03　设置完毕，运营者与对方的聊天内容将自动置顶，效果如图 9-46 所示。

图 9-46　"置顶聊天"效果

9.2.5　标签分组

在朋友圈的运营过程中，会遇见很多不同的客户，如需求不同、性格不同、消费水平不同等。每一种客户都有适合他们的销售模式或者商品。所以为了方便推荐产品，商户们应该将这些好友分门别类，为自己的生意提供便利。

微信分组管理主要包括昵称备注分组管理、标签备注管理、详细信息备注管理、星标管理、朋友圈可见范围分组管理和指定分组管理。下面介绍针对内容给对方添加"标签"的方式来分组。

步骤01　登录微信，进入"通讯录"界面，点击需要添加标签的好友，如图 9-47 所示。

步骤02　操作完成后，进入"详细资料"界面，点击"设置备注和标签"按钮，如图 9-48 所示。

图 9-47　点击需要添加标签的好友

图 9-48　点击"设置备注和标签"按钮

步骤03　进入"设置备注及标签"界面，点击"标签"下方的"通过标签给联系人进行分类"按钮，如图 9-49 所示。

步骤04　进入"设置标签"界面，运营者只需输入标签，便可完成标签的设置，如图 9-50 所示。

为什么要给客户设置标签呢？因为这样做有以下两个好处。

第一，可以方便我们整理客户信息。根据购买力、兴趣爱好、购买内容等分类后，商户便可以对症下药，提高推销效率。

第二，在朋友圈营销中，也可以针对某些内容屏蔽一些人。比如，有些新客户还处于发展友好关系的阶段，不太愿意看到太多广告，便可以屏蔽他们以免让人厌烦。又比如，有些民族或宗教多少对某些特定的东西有忌讳，屏蔽他们可以避免一些不必要的冲突。

图 9-49 "设置备注及标签"界面

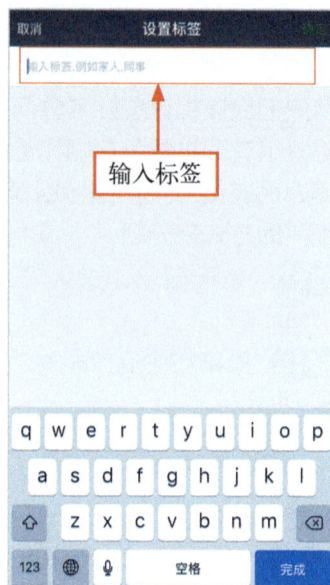

图 9-50 输入标签

9.2.6 提醒谁看

在朋友圈营销时，我们有时需要对一些客户强调某种产品，而"提醒谁看"这种功能确实能为提高商品销量做出一些贡献。

为什么要选择"提醒谁看"这种方式呢？举一个例子，好比你是老师，在教室上课，问了底下学生一个问题。由于你并没有针对某个人，所以可能会造成无人回应的尴尬局面。大家互相推托，都觉得对方会去回答这个问题。而如果一开始在问问题的时候就选择了某个人，那么他一定会勤加思考，从而答出这道题目来。

朋友圈营销也是同样的道理。谁也不喜欢看广告，知道这些东西和他们没有关系，多一事不如少一事。毕竟现代社会，时间就是金钱，不会有人愿意花时间去看无关紧要的消息。

可如果商户在发广告时就提醒了某些人来看，那么这些人就如同那些被老师指名道姓回答问题的学生，责任被推到了自己头上，不想看也得看。这种方式是一种非常温柔的强迫，可以提高朋友圈广告的阅读量且不会引起对方反感，一举两得。

在发朋友圈信息的界面里，这种功能在正下方，即"提醒谁看"按钮，点击进去就可以选择对象了，如图 9-51 所示。

使用"提醒谁看"功能之后，运营者发布朋友圈信息后，将出现被提醒者的名字，如图 9-52 所示。

图 9-51　"提醒谁看"按钮所在界面

图 9-52　使用"提醒谁看"功能发布的朋友圈信息

　　那么，此种功能有什么好处呢？因为"提醒谁看"功能主要可以起到 3 个方面的作用：一是让被提醒者感觉到自己被重视；二是增加信息的传达率，激发客户的购买欲望；三是将信息传达给相对需要的人，增强营销的针对性。

　　其实客户也知道，作为商家，通讯录内好友的数量是十分可观的，可是在这种情况下，商家还能清楚地记住某个客户的小细节，细心地等待这个细节出现后提醒他。这时，对方对你的好感便会迅速提升，也能为未来购买商品打下良好的基础。

第 10 章

图文创作——内容有料刷爆朋友圈

学前提示：

内容是朋友圈营销的核心重点，从文字到配图都需要精心设计，运营者所呈现的内容如果能激发客户需求，就会轻松刷爆朋友圈，获得大量订单。

本章将介绍朋友圈营销的图文创作技巧，帮助大家打造更有料、更亮眼的文字内容。

要点展示：

➢ 3 种文字技巧：提高客户阅读兴趣

➢ 3 种创作手法：营造大热爆款氛围

10.1 3 种文字技巧：提高客户阅读兴趣

文字的力量是非常强大的，在朋友圈进行营销推广，软文营销是必不可少的。本节将重点介绍 3 种软文创作的技巧，帮助大家学习实用的写作方法，提高客户的阅读兴趣。

10.1.1 前置重要内容

在微信营销的文章中，一个让人感兴趣的开头可以说是非常重要的。其实写营销类的文章有点类似记者写新闻，应该采取"开门见山"的方法将重点内容归纳在主旨句——也就是第一句里。一来防止有些读者在读到重点内容之前失去耐心，至少"重点前置"可以保证他们顺利了解整篇文章的中心思想，无论有没有将文章读完；二来列举出全文的重点也可以引起读者的兴趣。

其实不仅仅是整篇文章，每一段最好都能采取这种办法，将段落重点提炼出来放在第一句里，这样方便理解和阅读。平时在写作时，应该有意识地先用一句话总结接下来要写的段落，再根据这句话进行延伸，完善文章。

不是说每一次写文案都需要刻意提炼主旨句，只是练习做多了之后，就会慢慢养成这种习惯，培养一个比较顺畅的逻辑思维能力。其实写文案并不是进行文学创作，不需要死抠句子和词汇，只要能够做到简洁、流畅、一目了然就很好了。

10.1.2 学会图文并茂

在朋友圈里，经常可以看到好友转发一些企业公众平台的信息推送，其实这种公众平台就是一种营销工具，可以为微商提高点击量和曝光率，而且可以放很长的文章，消息字数可以达到 600 字甚至更多。

微信公众号可以通过图文并茂的形式发送信息，布局更美观，所以软文营销在微信公众平台可以大展身手。在微商领域，软文具有非常重要的营销助力作用，对内有利于团队文化的建设和产品、服务的定位；对外可以起到宣传推广、产品招商、流量引入、建立信任和打造品牌等作用。

基于软文营销的重要作用，有必要创造出图文并茂的软文，因为大家都不想在休息娱乐时看广告文案。当然，也不能全是图片没有文字，因为营销所需要的信息必须放上去才能成为一个完整的广告。

在朋友圈做销售第一件一定要会做的事，就是熟练使用朋友圈的各种用法，特别是朋友圈的编辑方法。确实，比起 QQ 空间或者腾讯、新浪微博，朋友圈的发布方法比较麻烦，可能有一些对电子商品不太敏感的人甚至都不知道怎么发朋友圈。其实，微信朋友圈的发布模式主要有 3 种，具体如图 10-1 所示。

下面为大家详细介绍两种模式的朋友圈,即"纯文字"模式和"文字＋图片"模式,如图 10-2 所示。

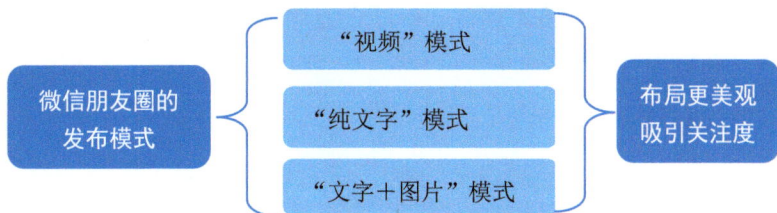

图 10-1 微信朋友圈的发布模式

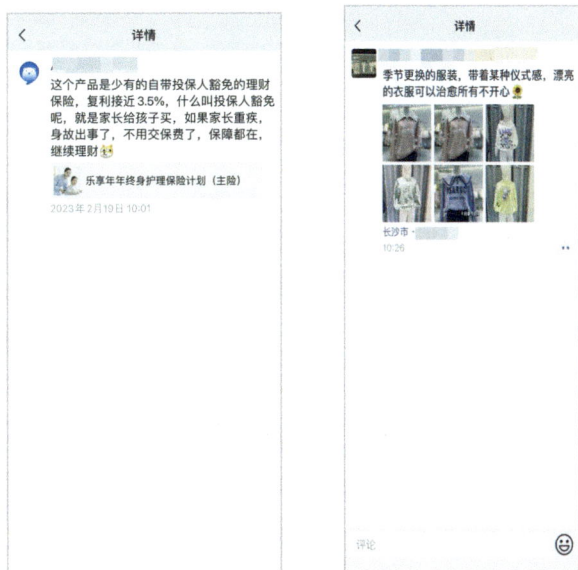

图 10-2 "纯文字"和"文字＋图片"模式的朋友圈

从图 10-2 中不难看出,"文字＋图片"模式不仅更加美观,还能更好地吸引受众的目光。所以,运营者在朋友圈发布广告的时候,应该适当地放上一些图片,这样会显得更加新颖,让人更感兴趣。

10.1.3 巧妙描绘商品

在网上购物的用户大多会利用自己的第一印象来确定消费目标,购买欲望的产生往往是在看到宝贝的第一眼。因此,好的商品描述能够以简单的文字和图片道出宝贝的特色,激发用户的购买欲望。

撰写宝贝描述其实很简单,只要学会以下 3 点,商品描述问题就将得以解决。

1. 描述基本属性

企业店铺在添加商品时，可以设置商品的型号、价格、库存，以及商品的品牌、包装、重量、规格、产地等基本属性。一般企业对这些属性的描述越详细，买家就越容易购买，如图 10-3 所示。

品牌：		
商品名称：	商品编号：	商品毛重：1.0kg
货号：	腰型：松紧腰	厚度：薄款
领型：圆领	颜色：红色系	图案：纯色
尺码：M，L，XL，XXL	组合规格：单件	主要材质：蚕丝
流行元素：拼接	袖长：五分袖	版型：A型
袖型：常规	裙长：中长裙	适用人群：轻熟女，成熟
上市时间：2018夏季		

图 10-3　产品的基本属性

2. 文字图像结合

在宝贝描述中，感官词和优化词是增加搜索量和点击量的重要组成部分，但也不是非要出现的。对于网店来说，大量的文字说明会让买家看得很累，不愿意阅读下去，买家更想看到的是图片和文字相结合，这种方式能让人在浏览时感觉很轻松，同时也能更形象地将产品展示出来。

因此宝贝描述最好采用"文字＋图像"的形式，这样看起来更加直观，能够第一时间抓住消费者的心，如图 10-4 所示。

图 10-4　图文结合的宝贝描述

3. 主动进行推荐

消费者都有货比三家的心理，因此店主在描述一件商品时，还可以推荐其他的商品，比如正在进行折扣优惠活动的商品、近期热销的商品，这样可以有效扩大交易面。

此外，店主可以对自己的商品进行主动推荐，或者标明哪些产品是值得推荐和购买的。在描述中添加"买一送三、限量赠送"等字样，这样不但能提升销售量，还能增加产品宣传力度，如图 10-5 所示。

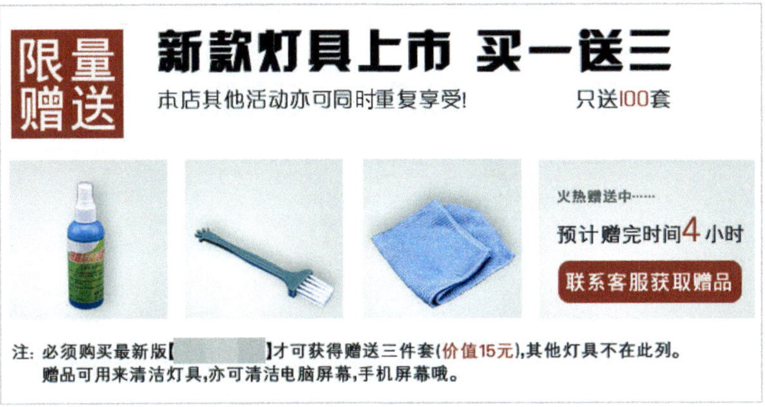

图 10-5 商家主动推荐商品

10.2 3 种创作手法：营造大热爆款氛围

提高客户兴趣之后，需要营造出产品的热销氛围，用户普遍都有从众心理，当商家所推销的产品营造出大卖的现象，大多数人都会选择跟随大众消费。

10.2.1 营造热卖景象

热销氛围可以让消费者产生从众心理，形成羊群效应。羊是群居动物，它们平时习惯随大流，并且是盲目地跟随大流。只要羊群中有任何一只羊开始往前冲，其他的羊就会和它一起往同一个方向冲，不管它们所朝向的方向有没有危险或是有没有食物。当"羊群效应"用于心理学中来描述人类本能反应时，其实也就是我们平时所说的"从众心理"。

人们常常随大流而动，哪怕跟自己的意见可能全然相反也会选择否定自己的意见跟随大众的方向，甚至是放弃主观思考的能力。

比如，我们出去吃饭的时候，如果要临时寻找饭店，一般人肯定会选择一家店里人比较多的餐馆，"生意惨淡"在人们眼中就是"菜不好吃"，"有人排队"则意味着"餐肴可口"。这样判断的结果可能不完全正确，可是跟随众人，正确率通常可以大大提高。所以说，羊群效应并不是完全没有道理，大众的经验大部分时候还是可以作为参考的。

微商如果有实体店，就可以在实体店拍摄产品热销的情景照片，然后在朋友圈中发布这些热销的照片，营造产品产生热卖的氛围，引起消费者的兴趣，充分利用消费者的从众跟风心理，如图 10-6 所示。

图 10-6　让产品产生热卖的氛围

专家提醒

在写营销软文的时候，可以加入一些新鲜"热点"，这样不仅符合人们的猎奇心理，还有利于经营销售。但是要注意的是，"热点"具有一定的时效性，它就像一次性的物品，用过一次就够了。

10.2.2　适度晒单

运营者在微信朋友圈进行营销的过程中，除了需要发送产品的图片和基本信息以外，为了让顾客信任，也可以晒一些成功的交易单或者快递单，但是以下两个问题在晒单过程中必须要引起运营者的注意。

(1) 晒单要适度。因为人们对无谓的刷屏是十分抗拒的，毕竟微信朋友圈是私人社交场所。但晒单也是非常有必要的，微信好友看到成交量也会对产品本身产生好奇心。

(2) 在单据上显示的信息必须是真实的。这意味着我们必须将所有真实信息展示给微信好友，以诚信为本。在朋友圈发走单信息，上面会显示单号和姓名，看上去是比较真实的。在朋友圈发走单广告，应附上聊天记录和转账记录，如图 10-7 所示。

图10-7 走单广告

从营销角度来说，适度地晒一些交易单之类的东西，是可以刺激消费的。那么晒交易单究竟有什么好处呢？这主要包括两个方面，一是能让买家放心购买产品；二是吸引其他客户的好奇心。

一般来说，晒单的主要内容大都是快递信息，其中包含对方的地址、手机，也包括快递信息，比如单号等（要记得打码）。晒单可以让买家了解包裹的动向，也能体现出卖家对商品的用心，为以后的合作打下良好的基础。

在一张照片中，商家可以放上几个快递单并且将它们叠加起来再拍照，这个时候卖家应该尽量将照片凑成九张，并且强调，这是一天或是两天里的走货量。这样就会让其他客户觉得，这家店的商品是真的特别受欢迎，自己也想试用一下，从而在某种程度上推动销量。

10.2.3 借助明星效应

如今在我国，明星效应已经发展得十分完整了。聪明的企业高层会选择邀请一些知名艺人代言公司产品，这种做法能够帮助他们获取丰厚的利润。一般来说，投资与收获是成正比的。企业越肯出钱请当红的艺人，能够获得的回报就越高。

微商在利用明星作为品牌代言人宣传时，明星的知名度会使认识他们的路人看到这条朋友圈从而爱屋及乌，入手该品牌的产品。这样一来，该微商自然而然地便借助明星效应，获得了销量的提升。

当然，明星的光环也能够影响到品牌。顶着"某某品牌"代言人的头衔能够帮助品牌提高知名度。

第 11 章

营销策略——把陌生人都变成客户

学前提示:

朋友圈是微信最重要的一个平台,也是客户接触产品的常用渠道,利用朋友圈来扩充客户群体是营销策略的第一步。

本章从吸粉营销、广告营销和价值营销3个方面切入,帮大家寻找更适合的营销策略,探寻将陌生人变成客户的新思路。

要点展示:

➤ 5 种吸粉营销:聚集人气打好基础

➤ 3 种广告营销:进行多样化的呈现

➤ 5 种价值营销:互惠互利提高成交

11.1　5种吸粉营销：聚集人气打好基础

所有的营销，都必须要有人气，否则都是空谈，而善于营销者，会脚踏实地，从整合身边已有资源开始，充分挖掘、运用好已有的人。比如说，手机通讯录就是我们的第一大现有人气资源，要充分转化好。本节将介绍多种方法吸粉引流，帮助大家快速聚集人气。

11.1.1　聚集客源

在这个以手机为主要通信工具的时代，手机通讯录就是人的社会关系的一个缩影，里面有亲人、好友、同学、领导、同事、客户等。

俗话说：创业需要第一桶金，而在如今人气就是财气的网络时代，我们需要第一桶"人气"，而最好的人气资源就是我们的手机通讯录。

如果手机通讯录中有许多号码，可以通过微信服务插件，将号码全部添加至微信列表中，使其成为微信朋友圈中的一员。

步骤 01　打开微信，点击右上角的 **+** 按钮，在弹出的下拉列表中选择"添加朋友"选项，如图11-1所示。

步骤 02　进入"添加朋友"界面，选择"手机联系人"选项、如图11-2所示。

图 11-1　选择"添加朋友"选项　　　　图 11-2　选择"手机联系人"选项

步骤 03　进入"通讯录朋友"界面，此时系统将自动获取通讯录中的朋友，

未添加微信好友的右侧，会出现"添加"字样，点击"添加"按钮，如图11-3所示。

步骤 04 进入"朋友验证"界面，输入验证信息和备注信息，点击右上角的"发送"按钮，如图11-4所示。

图11-3　点击"添加"按钮

图11-4　点击"发送"按钮

11.1.2　扫码添加

无论是从线下到线上的引流，还是从线上到线下的引流，都可以通过微信的二维码扫描功能来实现。

在微信的朋友圈服务插件中，用户可以通过微信的二维码扫描来添加好友，扩充微信好友数量。下面就为大家介绍如何在微信界面中找到个人二维码，方便他人扫描。

步骤 01 登录微信，进入"我的二维码"界面，出现个人二维码界面，如图11-5所示。

步骤 02 让对方直接扫描二维码，便可以和对方互加好友。当然，为了方便客户随时随地扫描二维码，商家可以将二维码保存在手机相册中，只需要点击"保存图片"按钮即可，如图11-6所示。

运营者也可以干脆把二维码设置成手机屏保或是桌面，这样一打开手机就能够快速与对方互加好友了。

图 11-5　微信二维码

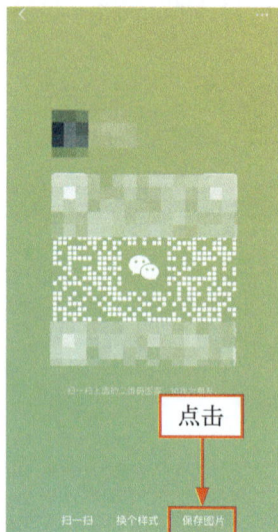

点击

图 11-6　点击"保存图片"按钮

11.1.3　附近的人

在微信界面，有一个十分新颖的功能，叫作"附近的人"。它可以定位用户当前的位置，并且自动搜索周围同样也开启了该功能的微信用户，继而可以发送添加好友的邀请。

当然，当我们的位置发生变化时，"附近的人"列表同样也会发生变化。从营销角度来说，这是一个非常适合大规模添加用户的功能，并且添加的好友都为临近的人，判断用户需求也会更有针对性。

那么，如何使用该功能来扩大朋友圈的客源呢？下面就为大家详细介绍使用方法。

步骤 01 登录微信，进入"发现"界面，点击"附近"按钮，如图 11-7 所示。

步骤 02 在"附近的人"界面，可以看到大量的微信用户，点击其中一位用户的微信号，如图 11-8 所示。

步骤 03 进入"详细资料"界面，点击"打招呼"按钮，如图 11-9 所示。

步骤 04 进入"打招呼"界面，输入打招呼的内容，点击"发送"按钮，如图 11-10 所示。

在添加好友之后，一定要记得经常和微信好友沟通交流，保持一个相对比较熟悉的关系，给对方留一个好印象。

把"附近的人"列表里的人添加为好友之后，应该要做些什么呢？我们认为，要长期留住从"附近的人"添加的好友，有 3 件事是必须要做的。

图 11-7 点击"附近"按钮

图 11-8 点击微信号

图 11-9 点击"打招呼"按钮

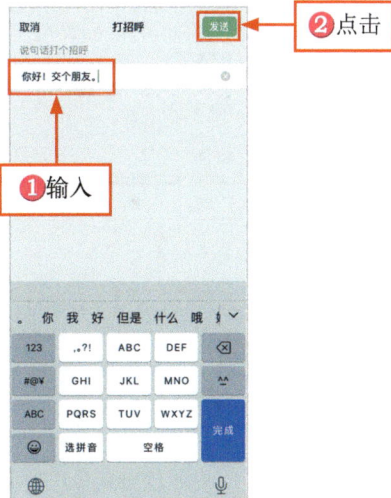

图 11-10 点击"发送"按钮

　　首先，不能加了好友之后就立马开始推销产品，这样只会让对方觉得你诚意不够，加好友只是为了打广告，可能还会在你的广告信息传过去之后立马把你拉黑。凡事都讲究循序渐进，新添加的好友应该要礼貌地打招呼，并且多在朋友圈中进行互动。这样一方面可以避免陷入尴尬的对话局面，一方面又能和对方互相加深了解。

　　其次，运营者应该要学会展示自身的魅力，这样新好友才能对你留下深刻的第一印象。当然，这种魅力的展示最好留在朋友圈里，让对方作为绝对客观的第三者来判断。当然魅力是装不出来的，需要在生活中不断积累，多读书、读好书，有相对来说比较高雅的艺术欣赏水平，不要过度依赖心灵鸡汤。

最后一点相比前两点来说，就比较直白了，就是在自己的签名栏里加上广告语。这样做的优点就是，不管对方有没有通过你的好友请求，他都潜移默化地记住了你所销售的东西，从而产生一定的广告效应。

11.1.4　随机摇一摇

"摇一摇"是一个十分有趣的交友功能。当你打开这个功能并且摇晃手机时，手机系统将会为你推荐和你同一时段摇动手机的用户。

大家可以通过这一功能增加粉丝、提高销售量。下面就为大家介绍此功能的使用步骤。

步骤01 打开微信，点击"摇一摇"按钮，如图 11-11 所示。

步骤02 进入"摇一摇"界面，如图 11-12 所示。

图 11-11　点击"摇一摇"按钮

图 11-12　　"摇一摇"界面

进入界面后晃动手机，系统就会自动给用户推荐同一时间使用"摇一摇"功能的微信用户，这时直接添加就可以了。

那么，运营者是如何利用这一功能实现增加朋友圈客户数量这一目的呢？通常来说，有两种方法可以供大家借鉴。

第一种方法比较简单，但是几乎零成本，就是通过自己不断地使用"摇一摇"

功能添加用户，和对方主动沟通交流。

第二种方法速度比较快，可是需要大家付出一些成本。运营者可以通过举办活动，增加参加"摇一摇"活动的人数。下面用一个公众号例子来详细介绍这种营销方式。

在情人节，国内某个知名的珠宝品牌发起了一个"摇一摇"的活动。该商户要求所有参加活动的全国用户都在同一时间使用"摇一摇"功能。后台会根据参与的用户来选择幸运的观众赠送品牌珠宝和一些其他小礼物。当然，在参与活动之前，用户必须首先关注该品牌的微信公众号。

11.1.5 线下实体店

网上购物兴起之后，实体店的销售额纷纷遭受或大或小的冲击，人们发现实体销售越来越难做了。的确，对比进入实体店购买物品，网上购物更加方便，也更加便宜。所以对于商家来说，如何利用微信将生意做"活"，是一个非常值得讨论和分析的问题。

当然，微信毕竟是比较私人的社交工具，无缘无故要和别人互加好友并不是礼貌的行为，同时也很有可能遭到对方的拒绝。那么有什么办法能够吸引客户加微信呢？

方法一，设立优惠政策。凡是来店购买商品的顾客，加店主微信后就可以享受折扣，如图 11-13 所示。

图 11-13　顾客在店铺前扫描二维码

方法二，免费发放一些小成本的物品来吸引对方添加微信。比如，天热的时候发放纯净水或是小扇子等。

总而言之，将生客变熟客、把熟客变老客是营销中大家需要做到的。而利用微信的社交功能来实现这一目的，是一种新鲜且明智的做法。

除了新客户，我们同样不能忽视实体店经营多年积累下来的老客户。这些客户平时在店内购买的东西比较多，也很信赖店主，是商家不能失去的重要客源。

店主在添加这些客户之后，应该认真对待他们的疑问与建议，尽量将与对方之间的生意关系发展到线上，努力争取他们的信任，争取保持长期的合作关系，进而使对方因为信任而向店主推荐新的客户。

11.2　3种广告营销：进行多样化的呈现

朋友圈广告其实有多种不同的形式，做朋友圈营销的运营者，应该了解与总结相关信息，然后选择合适的广告方式，让朋友圈广告进行多样化的呈现。本节将介绍多种朋友圈广告，为商家选择广告方式提供理论性的帮助。

11.2.1　官方推送

微信用户在刷朋友圈时，经常会看到本该是好友状态的一些栏目变成了广告商位，如图11-14所示。

图11-14　朋友圈中的广告商位

专家提醒

一般来说，不存在本地推广广告、原生推广页广告单独出现的情况，它们更多的是为了配合小视频广告和图文广告所存在的一种附加形式。

就现在而言，小视频广告和图文广告若不配合本地推广广告或者原生推广页广告一起使用，广告的效果都会大打折扣。

所以在朋友圈中为自己的品牌或产品进行推销时一定要注意所选择的广告形式，力求能够获得最大效益。

这些所镶嵌在朋友圈中避无可避的广告，商业价值是巨大的。每天全国或是部分区域有多少人使用网络，几乎就会有多少人看见这些广告。一般来说，这种广告分为四种类型，具体如下。

1. 本地推广广告

这种广告模式借助了 LBS（Location Based Services）技术，通俗地说也就是定位系统，系统可以根据店铺位置，将广告推送给距离定位地点 3～5 公里的人群。

一般来说，这种广告方式最常用于有促销活动的时候，又或者商家本身就是经营餐馆或是甜品的。他们利用价格优惠与地理位置优势，吸引周边用户前来消费。本地推广广告模式如图 11-15 所示。

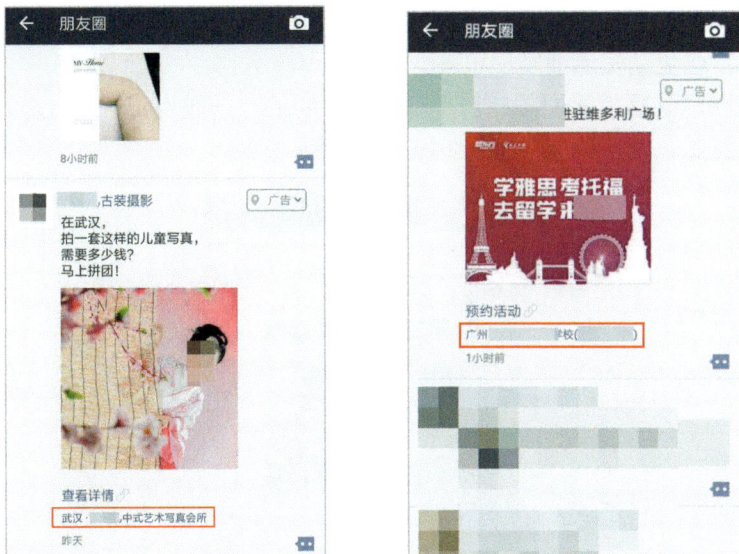

图 11-15　本地推广广告模式

2．原生推广页广告

原生推广页广告，简单来说就是在朋友圈打广告的同时附上原网页的链接。客户只需点击朋友圈中的广告便可以进入对应的网页，如图 11-16 所示。

图 11-16　原生推广页广告

一般来说，原生推广页广告都是和其他几种广告形式结合出现的，因为它针对的只是广告携带的链接，并没有规定广告的形式。

3．小视频广告

这种广告形式是最多的，顾名思义，就是指携带视频简介的广告。视频的好处就是可以将广告生动灵活地展现出来。

在朋友圈默认播放的视频广告是有时间限制的，一般点击进入，就可以看到视频广告的完整版。图 11-17 所示为小视频广告。

图 11-17　小视频广告

4. 图文广告

图文广告的形式十分简单，即图片配文字，下面也可以带上链接。这种形式虽然相对来说比较普通，但是它的包容性最强，内容可以多种多样，如图 11-18 所示。

图 11-18　图文广告型的朋友圈广告

11.2.2　公众号广告

平时在刷朋友圈时，除了个人编辑的内容以外，还能看见许多被分享至朋友圈的文章链接，如图 11-19 所示。

一般来说，由公众号分享过来的内容是最多的。很多时候，由于好奇心或是对文章本身的内容比较感兴趣，微信好友们会选择阅读全文。

在整篇文章的底端，有时会有一些广告位，这些广告一般都是一些微信公众号、甚至是微店的广告，读者可以直接点进去并且关注这些商家，如图 11-20 所示。

而这些小小的广告其实也有不同的类型，一般可以分为三种模式，具体如下。

1. 微信公众号图片广告

顾名思义，就是以图片为主的广告模式，图片配上一些重要信息，看上去颜色感更强烈，引人注目。

2. 微信公众号图文广告

这种广告模式循规蹈矩，就是很常见的图文配合，文字信息相对于第一种来说比较充沛，只是图片就没有那么吸引眼球了。

3. 微信公众号卡片广告

这种广告模式没有照片类的信息，不过会有企业 Logo，信息也相对比较完整。

优点是最后有"关注"按钮，更加方便。以上三种模式的广告，如图 11-21 所示。

图 11-19　发送至朋友圈的公众号文章

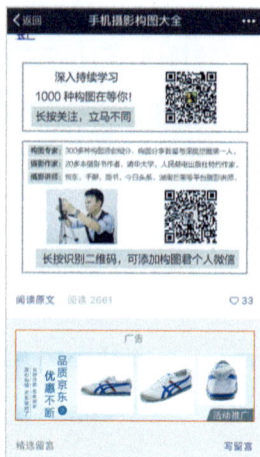

图 11-20　微信公众号文章底部的广告

图 11-21　微信公众号中的广告形态

底部广告可以在浏览完文章后看到，如果文字信息足够吸引人，自然会有人愿意成为微店或是公众号的粉丝。哪怕对方没有加关注的意向，广告打得多了，大部分用户也会对这个品牌产生深刻的印象。广告如果足够高端，甚至还能提升品牌形象，从而有利于未来的长远发展。

在营销过程中，为了吸引更多的客户，也可以试着在浏览量较大的公众号里投放广告。

当然，广告费用会因为广告投放的地方、时间等因素有高低之分。商家应该以店铺经营状况为前提妥善考虑，切忌头重脚轻。

除了可以在其他企业的公众号中打广告以外，商户们同样也可以撰写一篇关于品牌或是某个商品的软文，直接刊登在自家微信公众号或者其他浏览量比较大的微信公众号中，如图 11-22 所示。

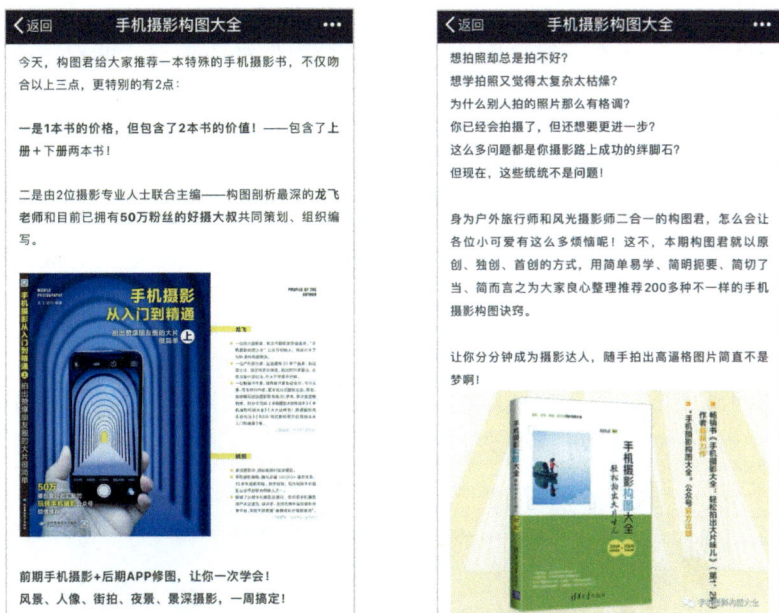

图 11-22　植入广告的公众号软文

上述两篇文章都是在介绍手机摄影的基本知识，文章作者为了推销自己的书籍，便在文章中植入了这两本书。而刚好在学习这方面知识并且苦无门路的微信好友，便会对这两本书产生购买的欲望。

当然，植入广告的文章有一点必须要注意，那就是文章内容要有意思或者有深度，一定要在文章中体现出商品的价值，不然客户根本不会买账，也不会心悦诚服地接受所销售的商品。

不管是微信公众号底部的广告，还是直接做软文营销，都应该从企业自身的实际情况出发，考虑投入的多少、性价比相对来说是否比较高之类的问题，选择最适合自己品牌的广告形式，而不是盲目跟随大众。

11.2.3　H5 动态宣传

H5 界面是现在十分常用的数字产品。通过它，可以打开新媒体应用平台而不用下载任何 App 或是跳转进入浏览器。H5 界面基于云端，无需下载，它能够将文字、图片、音频、视频、动画、数据分析等多媒体元素融合在一个界面中，甚至还能在后台实时获取阅读和传播情况，给决策者提供大数据。

H5界面支持滑动、点击等基础手势动作，所以H5界面上的内容除了可以看之外，还可以手动参与互动。一般来说，商家要想制作一个H5界面来宣传产品和品牌，有两种渠道可以选择，一是查找制作H5界面的网站，二是向专业做H5界面的商家求助。

不过很明显，专业人士制作的H5界面自然更加好看精致，而且也不需要商家自己花费太多时间。

当然，不管选择哪种渠道，商家在制作H5界面时，都要站在微信好友的角度来想问题，要去分析他们想要看什么，然后尽量发挥想象力，将要写的东西描述得更有意思一些，这样才能吸引微信好友注意，起到宣传商品或者品牌的作用。

H5界面在对外展示时可以分为几种不同的类型，下面笔者就对最常用的3种制作形式进行具体解读。

1. 视频

视频的方式十分简单，也就是说用户点击进入一个H5界面，它就会开始播放一段视频，一直到视频结束，如图11-23所示。

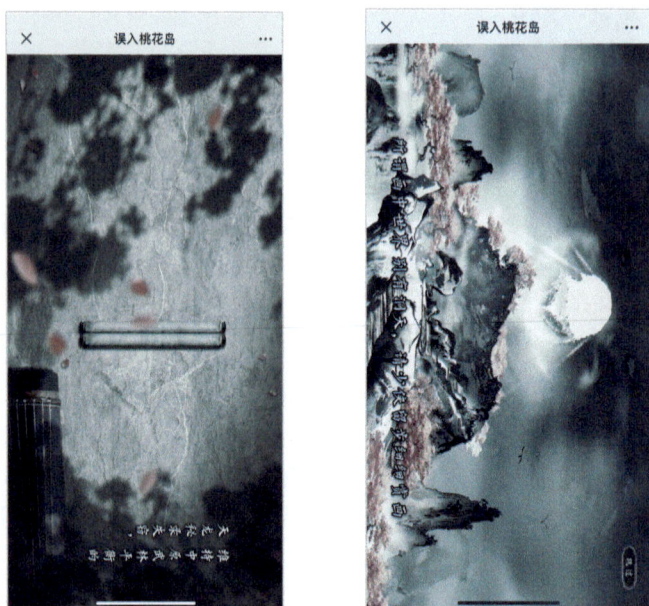

图11-23　带有视频的H5界面

如果在H5界面插入了视频，就不能再放置太多文字或者图片信息了，所以最终宣传效果怎么样，就只能靠这个视频的质量了。

2. 幻灯片

幻灯片模式应该是最常见的 H5 界面模式了，很多企业或公众号做年底总结的时候都会用到这种模式。

简而言之，就是选用一些比较富有代表性的图片，将重点文字标注在图片的空白处，伴随着背景音乐自动变化或是通过点击屏幕进行不断的变化，如图 11-24 所示。

图 11-24　幻灯片型的 H5 界面

一般商户都会选择用这种方式做产品介绍，但是有一点必须注意，幻灯片的数量不能太多也不能太少。太多对方会嫌花的时间太长、内容太啰嗦容易不耐烦，太少有可能商品的重点都没有展示出来，幻灯片的内容也不出彩。

所以，在制作幻灯片型的 H5 界面时，最好将幻灯片的数量保持在 6 ～ 10 张，这个数量能让大多数顾客认同。

3. 空间展示

这种 H5 界面的制作方式可能较为复杂，一般的商户想要自己完成恐怕会有些难度，而且也要花费很多时间。如果想要这种效果的 H5 界面，最好还是找专业人士来帮忙。

空间展示是指所制作的界面空间感很强，不再是平面图，而是用 3D 效果的空间图来展示。

有时甚至会运用"一镜到底"这种专业摄影技术来制作。所打开的 H5 界面包含多种信息内容，可以通过点击、滑动等手势来选择需要查看的模块。空间展示型的 H5 界面如图 11-25 所示。

图 11-25　空间展示型的 H5 界面

11.3　5 种价值营销：互惠互利提高成交

在前面两节我们提到了吸粉营销和广告营销，本节将介绍 5 种价值营销技巧，重点对如何提高商品价值进行分析，帮助商家快速提高商品成交率。

11.3.1　折扣促销

折扣促销又称打折促销，是指在特定的时期或是举行活动时，对商品的价格进行让利，以得到用户的关注，达到促销的效果。折扣促销是有利有弊的，它的作用方式以及效应具有两面性。

通过打折促销创造出的"薄利多销"销售方式，可以刺激消费者的消费欲望，提高商品的竞争力。但是，如果折扣促销使用不当，可能会降低品牌形象，降低商家的获利能力，造成未来市场需求的提前饱和，走上一条不可持续发展之路。

折扣促销是微信朋友圈里比较普遍的销售模式，最好使用限时、限量打折，这样能够快速引起好友的好奇心和注意力，效果往往会更好。

折扣促销有优势，但存在缺陷，因此要做好折扣促销的策划，对此，运营者应重点做好 5 个方面的工作，如图 11-26 所示。

例如，对于一些需求量较大或者特定人群需求较强烈的商品，将这些商品打折出售，都是很受欢迎的。图 11-27 所示为朋友圈打折出售宠物类用品的相关界面，其出售的商品对于有宠物的人群来说，很可能比较有吸引力。

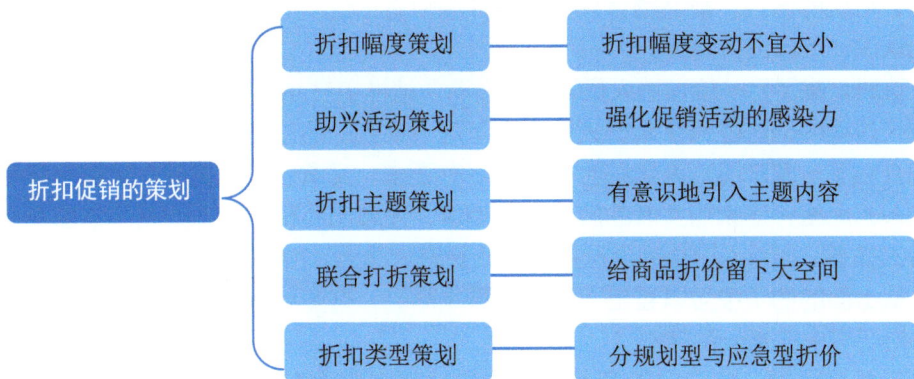

图 11-26　折扣促销的策划

图 11-27　朋友圈折扣出售宠物类用品

11.3.2　塑造价值

在营销过程中，商户们必须意识到，我们所销售的，看似是商品这个实体，实则售卖的是产品本身所存在的价值。

所以，在向顾客推销某些商品的时候，应该仔细询问用户本身的情况，选择一个正确的切入点来推销自己的商品。

举一个例子，一家人去家具市场购买窗帘，一位销售人员给他们介绍各种规格、图案、材质的窗帘，虽然顾客只是对各种窗帘有了泛泛的了解，但没有很清晰、深入的认识，所以没有购买。

这时，来了另一位推销人员，他没有着急地推销产品，反而和购买者聊了起来。在聊天过程中，这位销售人员大致摸准了这一家人的品位与需求，于是根据需要给他们介绍了一款产品，大致符合他们的所有要求。又拿自己做例子，大概介绍了自家的装修风格和这家购买者的风格十分相像，还拿出手机来给对方看了自家窗帘装上后的样子。最后，这个家庭选择了这款窗帘。

从上面的例子中可以看出，窗帘本身是商品，有多种多样的类型，为什么顾客独独选了其中的某一种呢？

这就是因为，被选中的商品所体现的价值吻合顾客的需求。那么我们应该从哪些方面抓住顾客的心理活动为商品塑造价值呢？大家可以从以下3个方面进行把握。

1. 效率高低

在现如今这种讲究效率的社会，能够快速见效的东西往往更受用户的欢迎。时间就是金钱，所有人都希望可以在最短的时间内获取最大化的回报。

比如说培训机构，要是能够打出类似"一个月掌握新概念英语""20节课雅思上6.5分"之类的广告肯定会更受家长们的青睐，因为家长们能够从广告中最直接地看出想要的效果。所以如果想让顾客购买商品，一定要将商品的高效率功能体现出来，为商品塑造效率上的价值。

2. 难易程度

这一点很好理解，越容易上手的产品自然越受欢迎，特别是高科技产品，它的难易程度决定了它的市场能否扩展到除年轻人以外的群体。

就拿手机举例，现在的智能手机年轻人可能可以随意地使用，可是年纪稍微大一些的人，他们用惯了原来的翻盖式、带键盘手机，对于智能手机的使用不太习惯。这个时候，越方便的智能手机自然会让人倾心。

那么，销售人员在推销产品的过程中一定要突出产品容易操作、容易上手的优点，以此来塑造产品本身的价值，让顾客感兴趣。

比如苹果手机，自带智能机器人 Siri，用户可以通过和机器人的交谈来实现一些程序的操作，如图11-28所示。

3. 安全性能

安全对于商品，特别是电子商品来说，是一个非常基本的评价标准。安全是基础，也是最重要的部分。换句话来说，这就要求商家所售卖的商品不能对购买者造成任何伤害。

图 11-28 智能机器人 Siri 的界面

这里以减肥药为例。如果商家在向顾客推销时仔细介绍药品成分，说明所有原料全部来源于无毒的食品和中草药成分，绝不会有任何副作用，自然可以吸引别人来购买。

所以商户们在一对一介绍商品、又或是在朋友圈发送商品广告时，都应该尽量从以上三个方面出发，运用好塑造商品价值的思路。这样一定会为商品的推销带来好处，并不断提高产品的销售量。

11.3.3　增加附加值

赠品促销是最古老，也是最有效和最广泛使用的促销手段之一。人们往往抵挡不住赠品的诱惑而产生消费行为。赠品促销的好处有很多，主要体现在以下方面，如图 11-29 所示。

商户们应该从生活中去感受营销，相信大部分人都很乐意接受各种各样的礼物。一来可以感受到赠送礼物的人对自己的感情，二来免费得到东西会认为比较划算、并且有惊喜感。

举一个例子，一般女士去逛护肤品店并且购买商品时，商家都会选择赠送一些"护肤小样"给客户，这些护肤小样一般来说，分量并不大，也就能用 2~3 天，短期出门时可以当作旅行装。

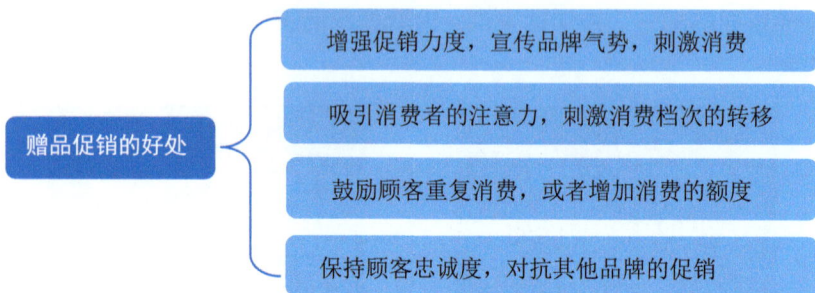

图 11-29 赠品促销的好处

赠品促销的好处	增强促销力度，宣传品牌气势，刺激消费
	吸引消费者的注意力，刺激消费档次的转移
	鼓励顾客重复消费，或者增加消费的额度
	保持顾客忠诚度，对抗其他品牌的促销

正是因为有这些护肤小样的存在，客户们才会觉得自己买的东西很值，因为赠品很多，很有惊喜感。

但实际上正如我们所知，这种"值"的感觉只是一种错觉，而正是这种错觉，往往会让客户产生想要购买更多商品的欲望。道理很简单，买得越多，送得越多，满足感也就逐步加深。

赠送礼品的营销策略，主要有 3 个方面的好处，接下来分别进行解读。

1. 推销新产品

有的商户在赠送商品时，会选择送给客户新上架的商品小样。这种方式其实能够一举两得，一来让客户满意，二来推广了新产品。

用户在使用过新产品之后，可能会觉得十分好用，那么下一次也许就会选择购买该商品。甚至推荐给周边的朋友，也算是免费给商家做了一个宣传。

送赠品既然能够给商家带来那么多的好处，卖家就更应该在准备赠品的环节上下功夫了。随便送一些平日里用不着的小玩意儿肯定不会对提高销量起太大作用。商户们应该仔细思考，哪些东西才是客户真正需要的，并且能够配合刚刚所买的商品使用。

2. 培养回头客

在客户购买商品之后，商户主动赠送一些小的赠品，哪怕只是一把小小的扇子、一支口红，也会让购买者觉得自己赚了，如图 11-30 所示。

在购买过程中感受到惊喜并且觉得划算的用户，自然会将这家店铺划分到"值得重新购买"的区域中，并且经常关注。

3. 提高产品销量

有时对方可能不需要买某件商品，可是当商家告诉他，买某件东西就能赠送另一件东西时，客户往往会心动，哪怕他可能根本不缺也不需要这种东西。图 11-31 所示为一家卖皮靴的店铺广告，因为是买一送一，所以，消费者看到广告之后就会觉得这样的买卖划得来。

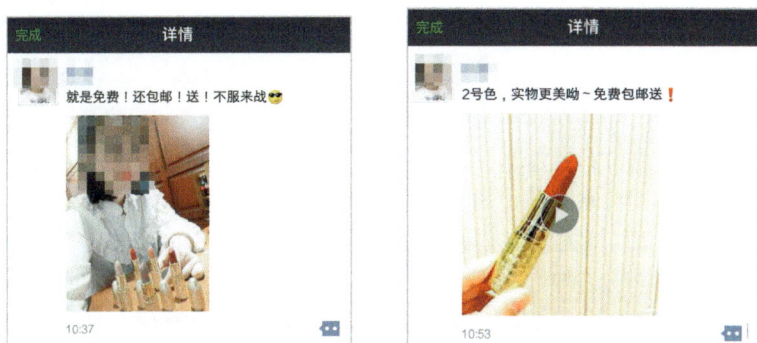

图 11-30　赠送口红

图 11-31　皮靴店铺的朋友圈广告

11.3.4　限时限量

　　限时抢购又称闪购，最早的闪购模式是以互联网为依托的，即电子商务的模式。一般来说，开展"限时优惠"活动的时间点，都是在市场相对来说比较疲软的时候。这段时间可能由于市场货品饱和而导致销售额不高，为了刺激消费，商家可以开展"限时优惠"活动。

　　无论如何，"价格"都是人们在购买商品时考虑的最基本因素。这就意味着，"限时优惠"能够起到拉动销量、刺激购买的作用。

　　在开展"限时优惠"活动时，必须将优惠原因告诉大众，是为了感谢新老客户的支持，抑或是针对某个节日来开展这一活动，又或者是别的原因。毕竟"限时优惠活动"的优惠力度还是非常大的，为了避免引起购买者对商品本身产生怀疑，最好事前告知原因。

专家提醒

　　在微信朋友圈的优惠活动营销中，限时优惠有着强大的吸引力，商户们要营造一种"优惠不是时时有"的氛围，让好友抓紧时间购买。

　　除了限时之外，限量也是一种通过饥饿营销，刺激消费需求的重要策略。我国有一句古话叫作"物以稀为贵"，意思就是越紧缺的资源价值越大。

　　商家其实也可以把这种心理运用在营销当中。营造某种商品供不应求的状态会让购买者对这种商品充满好奇心，并且想尝试购买，一探究竟，从而刺激消费，顺利地把好友，甚至是刚加好友的陌生人变成客户。

　　商家可以将某种商品定为"限量版"，标明发售时间，先到先得，商品的销售量一定会大大提高。但必须要注意的是，这一方法更适用于相对来说较为高端、高品质、高口碑的商品。

　　当朋友圈限时、限量出售商品的时候，因为有时间或数量上的限制，可以给对方造成一种紧张感，产生"如果再不抓紧时间好东西就白白溜走了"的感受，如图 11-32 和图 11-33 所示。

图 11-32　朋友圈限时销售案例

图 11-33　朋友圈限量销售案例

11.3.5　节日促销

　　节日促销是指在节日期间，通过传统节日的良好氛围来制造商机，普遍引起人们的关注，在短时间内获得很好的传播效果，从而达到促销的目的。在节日促销的运营过程中，有一个重要的前提，那就是微信朋友圈的客户管理机制，如图 11-34 所示。

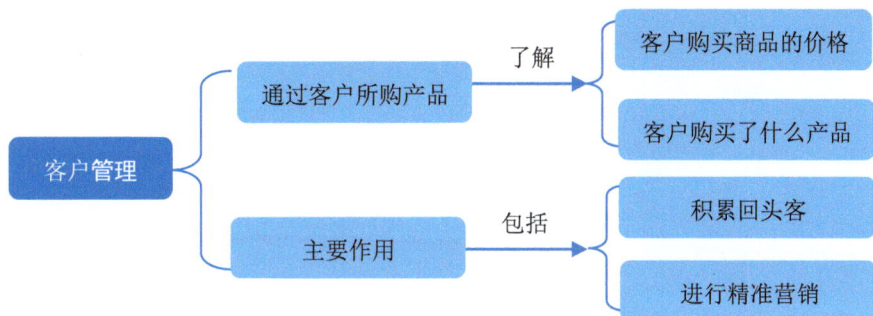

图 11-34　微信朋友圈营销的客户管理

完成了客户管理，企业或商家可以通过会员制来进行具体的圈粉行动。会员也是用时间积累下来的，会员越多生意就越旺。节日促销就是一个很好的计划，是用来圈粉积累会员的。随着生意的不断扩大，可以针对会员进行节日营销，让会员享受到更好的优质服务。

节日促销能够带来很多的流量，利用这个机会将普通好友转化为会员是非常好的，这样在淡季的时候，也会有会员能够带来销售额。例如，端午节推出粽子礼盒促销，如图 11-35 所示；妇女节购物满额送鲜花，如图 11-36 所示。

图 11-35　端午节推出粽子礼盒

图 11-36　妇女节购物满额送鲜花

第 12 章

建立信任——把陌生人变成朋友

学前提示：

由于大多数人对广告持有一种抵触和排斥心理，因此在朋友圈进行推广营销的时候，要注意用语分寸，先走进用户的内心，建立信任，广告才能够起到作用。

本章主要介绍如何建立信任，利用自身优势打造良好的朋友圈营销氛围，希望读者能够掌握。

要点展示：

➢ 5 种技巧：快速吸引陌生人关注

➢ 5 种分享：正确地使用情感利器

12.1 5 种技巧：快速吸引陌生人关注

微商要想在朋友圈赢得好友的好感，需要多提升自己的存在感，展现帅气、甜美的形象，颜值高吸引力就强，可以间接引发情感上的共鸣。本节主要介绍吸引陌生人关注的 5 种技巧。

12.1.1 高颜值吸睛

谁都喜欢高颜值的事物，如果是帅哥美女，通过高颜值还能吸引不少粉丝与追随者。所以，微商们在朋友圈除了发产品广告外，还要多发一些自拍照、旅行照等，多展示帅气、甜美的形象。

图 12-1 所示为某位从事服装销售的微商在朋友圈发布的照片，当受众看到这种高颜值的照片时，会有种想交朋友的欲望。

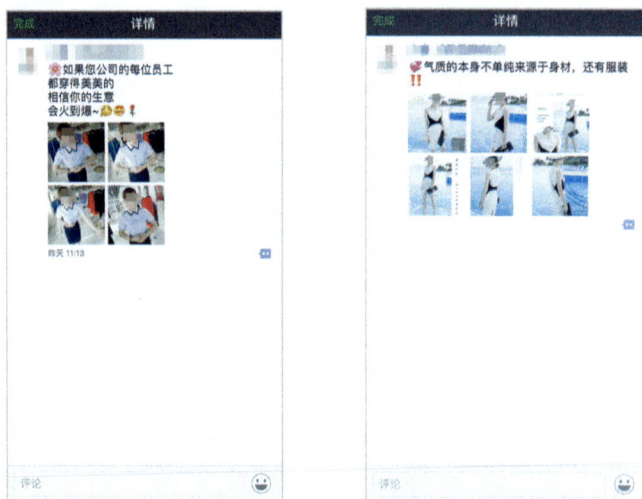

图 12-1 某位从事服装销售的微商在朋友圈发布的照片

12.1.2 展示品位

一个有眼光、有品位、有格调的人，更易被人所喜欢、所追逐。因此，在朋友圈不要发低俗不雅的信息，而要发有一定品位格调的、源于生活又高于生活的内容，让客户觉得你是一个具有高尚人格魅力的人。

图 12-2 所示为某位从事微教育行业的微商在朋友圈发布的一些有知识、有内涵的软文，这些软文会让人觉得此人非常有品位、有格调。

图12-2　从事微教育行业的微商在朋友圈发布的软文

12.1.3　呈现学识

俗话说：光说不练假把式。在朋友圈中，商户们不仅要让客户看到你的远大理想、奋斗目标，更要让好友看到你的成功、你的努力，知道你是一个有真才实学的、能给身边的人带来益处的人。

运营者在朋友圈中可以分享一些成功的案例，可以是自己的也可以是自己带的团队的，也可以将背景墙设置为比较有学识、有知识层次的类型，如图 12-3 所示。

图12-3　将朋友圈的背景墙设置为比较有学识的类型

当然，微商自己也需要经常参加一些培训机构组织的培训课程，休闲之余对自己进行不断的充电，这样才能不断进步，同时把自己学习理解到的知识、技巧分享到朋友圈中，既能给团队、代理做一个学习的榜样，更能让客户看到你的成功、你的真才实学。

12.1.4　融入情怀

我们不能否认的是，在朋友圈里一直打广告的运营者确实不太讨人喜欢。所以，当微商们执意要将广告植入他人私生活时，就应该考虑到你发布的信息是否会被人接受。

聪明的微商在日常的营销中会尽量融入一些充满个人情怀的内容，这样的微商不仅不会引人反感，甚至会让人喜欢上他的文风，期待每天看到他发的信息。图 12-4 所示为朋友圈中发表的关于个人情怀的信息。

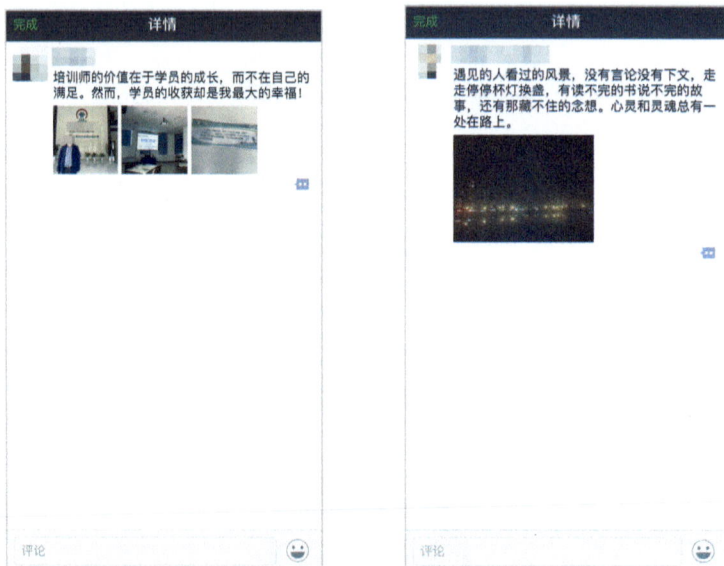

图 12-4　朋友圈中发表的关于个人情怀的信息

12.1.5　给人力量

无论是哪个时代，具有远大理想、勇于拼搏、敢于奋斗的人都更容易引起人们的关注和鼓励。

微商在分享朋友圈的时候，最好多发布一些正能量的内容，如图 12-5 所示。让人觉得你有很强的上进心、努力奋斗，感受到你的热情与温暖，不仅能够激励朋友圈中的客户，并且还能提高他人对你的评价与看法，吸引人们的关注，让朋友圈的好友更加信任你，支持你的事业。

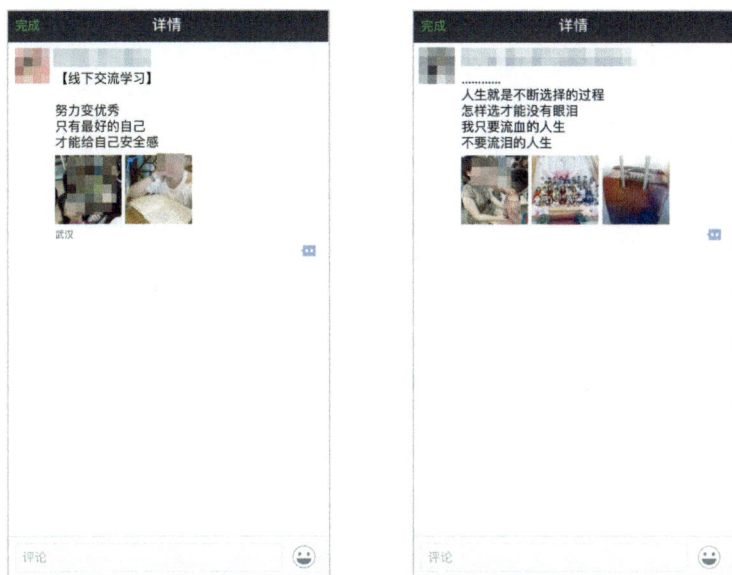

图 12-5 朋友圈发布的正能量信息

12.2 5 种分享：正确地使用情感利器

在微信朋友圈中，微商们除了进行营销时需要发布产品的图片和基本信息以外，为了让客户信任自己，也可以分享一些工作内容、工作环境、工作进展等，这些都是微商增进与顾客关系的情感利器。

12.2.1 分享背后苦楚

在大多数人眼里，在朋友圈做微商光鲜靓丽，既有钱赚又轻松，却很少有人知道，微商背后的努力和付出。经常因为家人的不理解而受到责备；每天上百个快递要寄，光写快递单就能写到手软；跟团队培训学习到凌晨一两点；要给产品拍照片、修照片、写文章、带代理培训等。

商户们在朋友圈营销过程中，除了在朋友圈中发产品的图片和产品信息之外，还可以偶尔跟客户诉诉苦，将自己拿货、发货、深夜上课培训的照片分享到朋友圈中，让客户看到一个努力认真为这份事业打拼的微商，向客户展现认真工作的态度，从而赢得客户的信任。

图 12-6 所示为某位微商分享辛苦工作的朋友圈图文，当受众看到这些内容时，很容易会在心疼的同时，对其产生信任感。

图12-6　某位微商分享辛苦工作的朋友圈图文

12.2.2　分享奋斗激情

生活不仅有辛苦，还有着为梦想奋斗的无限激情，要想得到客户对你的认可，就要有可以激励人心的感染力。

微商、网红、自明星们可以在朋友圈中分享自己或团队积极乐观、拼搏上进的有激情的内容，或是一些大咖的成功案例，这样能起到鼓舞士气的作用，潜移默化下，客户也会对你更加信任，如图12-7所示。

图12-7　在朋友圈中分享自己拼搏上进的内容

12.2.3　分享运营团队

现如今在朋友圈做微商一个人的力量是不够的，其背后还有一个庞大的微商团队，团队是商户们最坚实的后盾，微商、网红、自明星们团结互助才能促进团队的强大，团队越强大，在自明星道路上走得就更远。

在朋友圈中分享自己的团队、团队培训等一系列活动的照片，让客户知道，你并不是一个人，你所从事的事业和销售的产品都是有一定权威性的，是有团队一起经营的，可以让客户对你产生信任感，如图 12-8 所示。

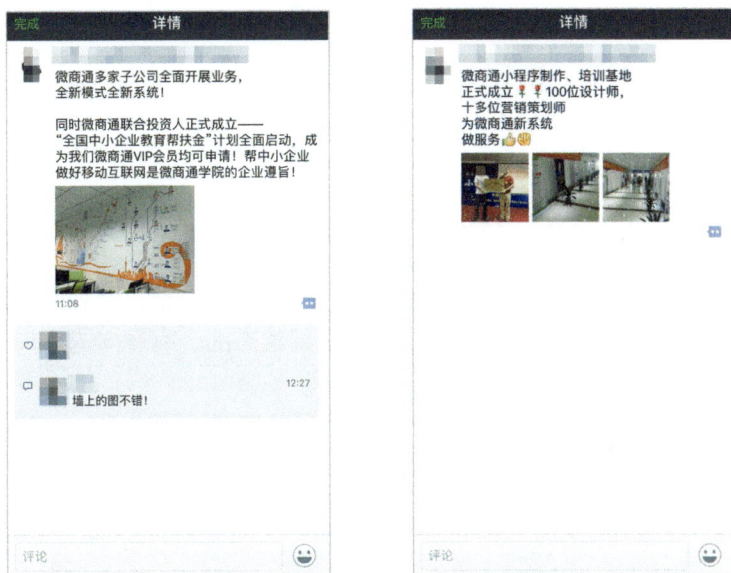

图 12-8　在朋友圈中分享自己的团队

12.2.4　分享心得感悟

站在巨人的肩膀上，可以离成功更近。人们总喜欢看成功人士的演讲和他们取得成功的故事案例，希望能从中得到启发或者说找到成功的捷径，这也反映出人们内心对成功的渴望。

微商们在朋友圈中可以多发一些微商营销的心得感悟，让刚入门的微商或准备做微商的人群有所感悟和收获。

图 12-9 所示为某微商的一条朋友圈内容，从中不难看出，该微商便是通过分享心得感悟引发潜在客户的共情，让他们在了解微商的同时，刺激更多人加入自己的团队。

图 12-9　在朋友圈分享体验效果

12.2.5　分享团队增员

老话说得好：耳听为虚，眼见为实。要想在朋友圈吸引更多的人加入你的团队，跟你一起做微商代理，光凭嘴说是不够的。

所以，微商们需要经常在朋友圈中分享新增的代理名单、合照以及与新代理加入团队时的聊天记录截图等，让原本还处在观望状态的、有意向的客户或朋友圈好友下定决心，加入你的团队。

图 12-10 所示为某微商在朋友圈分享的相关内容，可以看到，其便是直接将与新成员的对话进行截图展示，客户看到之后就会觉得该微商的团队吸引这么多人加入，应该是非常具有实力的。

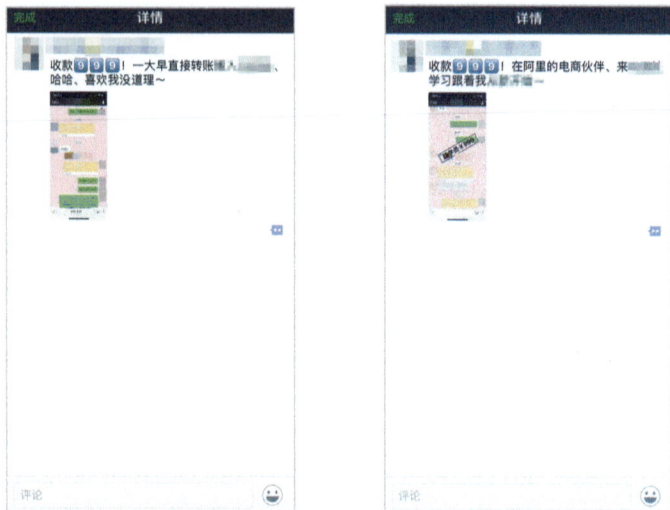

图 12-10　朋友圈中分享与加入团队新成员的对话截图